BrightRED Study Guide

CfE HIGHER
SPANISH

Francisco Valdera Gil

First published in 2016 by:
Bright Red Publishing Ltd
1 Torphichen Street
Edinburgh
EH3 8HX

New edition published 2018.
Reprinted 2019.

Copyright © Bright Red Publishing Ltd 2016 Cover image © Caleb Rutherford

All rights reserved. No part of this publication may be reproduced, stored in a retrieval system, or transmitted in any form or by any means, electronic, mechanical, photocopying, recording or otherwise, without prior permission in writing from the publisher.

The rights of Francisco Valdera Gil to be identified as the author of this work have been asserted by him in accordance with Sections 77 and 78 of the Copyright, Designs and Patents Act 1988.

A CIP record for this book is available from the British Library.

ISBN 978-1-84948-330-8

With thanks to:
PDQ Digital Media Solutions Ltd, Bungay (layout), Anna Stevenson (copy-edit).

Cover design and series book design by Caleb Rutherford – e i d e t i c.

Acknowledgements
Every effort has been made to seek all copyright-holders. If any have been overlooked, then Bright Red Publishing will be delighted to make the necessary arrangements.

Permission has been sought from all relevant copyright holders and Bright Red Publishing are grateful for the use of the following:

Acknowledgements
Permission has been sought from all relevant copyright holders and Bright Red Publishing are grateful for the use of the following:
Ministerio de Relaciones Exteriores (CC BY-SA 2.0)[1] (p 6); Andres Moreno (CC BY-SA 2.0)[1] (p 6); John O'Nolan (CC BY 2.0)[2] (p 6); Jovaughn Stephens (CC BY 2.0)[2] (p 6); Image licenced by Ingram Image (p 6); Karan Jain (CC BY-SA 2.0)[1] (p 6); Loren Kerns (CC BY 2.0)[2] (p 8); torbakhopper (CC BY-ND 2.0)[3] (p 9); Image licenced by Ingram Image (p 9); GiniMiniGi/freeimages.com (p 10); Image licenced by Ingram Image (p 10); Image licenced by Ingram Image (p 11); gfpeck (CC BY-ND 2.0)[3] (p 12); Four images licenced by Ingram Image (p 13); An extract by Albert Espinosa from 'Los Pelones' published by Random House Mondadori © Albert E Spinoza, 2004 (p 14); Cristian Eslava (CC BY-SA 2.0)[1] (p 14); bertknot (CC BY-SA 2.0)[1] (p 14); An extract by Albert Espinosa from 'El Mundo Amarillo' published by Random House Mondadori © Albert E Spinoza, 2004 (p 15); Kerem Yucel/freeimages.com (p 15); Transcript and logo reproduced by permission of Amigos de los Mayores (p 16); Two images licenced by Ingram Image (pp 16 & 18); U.S. Department of Agriculture (CC BY 2.0)2 (p 20); Three images licenced by Ingram Image (pp 20, 21 & 22); Burgerlounge/Creative Commons (CC BY-SA 4.0)[4] (p 24); UBC Learning Commons/Creative Commons (CC BY 2.0)[2] (p 25); Thee images licensed by Ingram Image (p 25); dotshock/Shutterstock.com (p 25); Universitat de Barcelona (CC BY-ND 2.0)[3] (p 26 & 68); Transcript and images reproduced with permission of TMEX (p 26); Transcript reproduced with permission of La Sexta. (pp 27–29); Image licenced by Ingram Image (p 27); Image reproduced with permission of TMEX (p 28); The headline: 'El despilfarro y el lujo con las tarjetas opacas de Caja Madrid, al detalle' © El Pais (p 30); Pan American Health Organization (CC BY-ND 2.0)[3] (p 30); The headline: 'España vive un juicio histórico a la hermana del Rey' © El Pais (p 30); CNE CNA C6F (CC BY-ND 2.0)[3] (p 30); The headline: 'La Audiencia Nacional imputa a Jordi Pujol y a Marta Ferrusola por blanqueo de capitales' © Prensa Malagueña, S.A (p 30); Convergència Democràtica de Catalunya (CC BY 2.0)[2] (p 30); The headline: 'Las conexiones 'eléctricas' de los políticos' © El Mundo (p 30); Alfredo Pérez Rubalcaba (CC BY 2.0)[2] (p 30); Two images licenced by Ingram Image (pp 30 & 31); Image licenced by Ingram Image (p 32); The article 'Francesco Tonucci: «Los deberes son una equivocación pedagógica y un abuso»' by ANTONIO SANDOVAL, 12 de abril de 2015 © LA VOZ DE GALICIA S.A. (p 33); Malojavio El Saucejo (CC BY-SA 2.0)[1] (p 34); The table 'The top ten languages' reproduced with the kind permission of the British Council, from Languages for the Future, published November 2013 (p 34); Dialysis Technician Salary (CC BY 2.0)[2] (p 36); Beefypeeg/freeimages.com (p 36); Poster © Andrés Wood Producciones S.A. (p 37); Manahan/freeimages.com (p 37); Skopp (Public Domain) (p 37); Stuart Caie (CC BY 2.0)[2] (p 38); Image licenced by Ingram Image (p 38); Jim Fitzpatrick (Public domain) (p 39); Transcript and images reproduced with permission of Fundación Pies Descalzos (pp 40–43); Two images licenced by Ingram Image (p 44); Rubio-Rodés/FVF (p 46); Nagappa/FVF (p 46); Juan Alonso/FVF (p 47); Image licenced by Ingram Image (p 48); An extract adapted from the article 'Amancio Ortega: "Me gustaria montar un ZARA en Marte"' from 'El Jueves' magazine, no 2014, 23 December 2015 © Ediciones El Jueves, S.A. (p 49); Jag_cz/Shutterstock.com (p 49); Jorge Mejía peralta (CC BY 2.0)[2] (p 50); Diputación de Cáceres (CC BY 2.0)[2] (p 50); Five images licenced by Ingram Image (pp 50 & 51); juantiagues (CC BY-SA 2.0)[1] (p 51); Fernando Apodaca (CC BY-SA 4.0)[4] (p 52); Eva Rinaldi (CC BY-SA 2.0)[1] (p 52); Mass Communication Specialist 2nd Class Joshua Kelsey (Public Domain) (p 52); Edgar Zuniga Jr. (CC BY 2.0)[2] (p 52); Jason Hickey (CC BY 2.0)[2] (p 53); Image licenced by Ingram Image (p 53); Richard Clifford (CC BY-SA 2.0)[1] (p 53); The headline 'Nigeria se indigna con la Tomatina' reproduced with permission of Diario ABC (http://www.abc.es/rss) (p 53); Revolution_Ferg (CC BY 2.0)[2] (p 53); The painting 'Guernica' by Picasso, 1937 © Succession Picasso/DACS 2016. Image courtesy Archivo Fotográfico Museo Nacional Centro de Arte Reina Sofía (p 54); Franco Folini (CC BY-SA 2.0)[1] (p 55); Francisco Valdera Gil (p 55); An extract adapted from http://www.americas-fr.com/es/historia/guevara-hijos.html © Zulma Press (p 55); Images taken from 'Muy Intersante', 411, Agosto 2015 © G y J España Ediciones, S.L.S. en C. (p 56); ogwen (CC BY 2.0)[2] (p 57); Image licenced by Ingram Image (p 58); The article '¿Cómo funciona el cerebro de una persona bilingüe? ¿Cómo influye el hecho de crecer con dos lenguas?' by Marion Maurin © Babel (pp 58–59); Joshua Hodge Photography/iStock.com (p 59); Moyan Brenn (CC BY 2.0)[2] (p 60); Alaa Safei/freeimages.com (p 61); Two images licenced by Ingram Image (pp 61 & 63); Kent Wang (CC BY-SA 2.0)[1] (p 63); Image licenced by Ingram Image (p 64); Two images © Fransico Valdera Gil (pp 68 & 69); Four images licenced by Ingram Image (p 73); Francisco Valdera Gil (p 74); Jose Luis Orihuela (CC BY 2.0)[2] (p 75); mettamatt (CC BY-SA 2.0)[1] (p 76); ©-elisa-formignani-2014-4382-8 (CC BY-ND 2.0)[3] (p 77); Tom Hilton (CC BY 2.0)[2] (p 77); Caleb Rutherford e i d e t i c (p 78); Image licenced by Ingram Image (p 78); robric77/iStock.com (p 78); Manuel (CC BY-SA 2.0)[1] (p 78); loca4motion/iStock.com (p 78); Meinzahn/iStock.com (p 78); Image licenced by Ingram Image (p 79); Tnarik Innael (CC BY-SA 2.0)[1] (p 80); Leigh Prather/Dreamstime.com (p 80); Hernán Piñera (CC BY-SA 2.0)[1] (p 81); Three images licenced by Ingram Image (p 82); Sara Suñé (CC BY 2.0)[2] (p 85); Seven images licenced by Ingram Image (pp 85, 86, 88, 89 & 90); Image © UK Government (OGL). Contains public sector information licensed under the Open Government Licence v1.0.[5] (p 94); Three images licenced by Ingram Image (pp 96 & 98); Anton_Sokolov/iStock.com (p 100); Tpopova/iStock.com (p 102); Francisco Valdera Gil (p 104); Image licenced by Ingram Image (p 104); 'Autobiografia' Words & Music by Luis Enrique © Copyright 2010 Universal Music Publishing Limited. All Rights Reserved. International Copyright Secured. Used by permission of Music Sales Limited (pp 119–120).

Rider 70.1[1] (CC BY-SA 2.0) https://creativecommons.org/licenses/by-sa/2.0/
[2] (CC BY 2.0) http://creativecommons.org/licenses/by/2.0/
[3] (CC BY-ND 2.0) http://creativecommons.org/licenses/by-nd/2.0/
[4] (CC BY-SA 4.0) https://creativecommons.org/licenses/by-sa/4.0/
[5] (OGL v1.0) https://www.nationalarchives.gov.uk/doc/open-government-licence/version/1/

Printed and bound in the UK

CONTENTS

Introducing CfE Higher Spanish 4

SOCIETY
Vamos a presentarnos.......................... 6
La familia: padres y hermanos................... 8
La familia y los amigos: el acoso................ 10
Los noviazgos y los amigos..................... 12
Educación para la ciudadanía: la empatía,
'Los Pelones'................................... 14
Educación para la ciudadanía: los Amigos de
los Mayores.................................... 16
Los pasatiempos y los fines de semana 18
La televisión, el cine y las nuevas tecnologías 20
La salud y el bienestar 1........................ 22
La salud y el bienestar 2........................ 24
Las desigualdades sociales y los bancos de
alimentos 1 26
Las desigualdades sociales y los bancos de
alimentos 2 28
La corrupción................................... 30

LEARNING
Los deberes del instituto y las presiones de
los estudiantes................................. 32
Decisiones, decisiones.......................... 34
Actitud mental y aprendizaje 36
Intercambios y años sabáticos.................. 38
Pies descalzos: hagamos que salga el sol 1 40
Pies descalzos: hagamos que salga el sol 2 42

EMPLOYABILITY
La infancia y los proyectos de futuro 44
Vicente Ferrer 46
Los negocios.................................... 48

CULTURE
La cultura en España y en Iberoamérica 50
Música y baile 52
Iconos de la cultura hispana.................... 54
Las vacaciones.................................. 56
Hablar idiomas.................................. 58
Casa de Locos, *L'Auberge espagnole*, *Pot Luck* 60
El español de los Estados Unidos de América 62

COURSE ASSESSMENT: TRANSLATION
The translation 1................................ 64
The translation 2................................ 66
The translation 3................................ 68

COURSE ASSESSMENT: PERFORMANCE
Talking assessments............................ 70
What questions could be asked?................ 72

COURSE ASSESSMENT: WRITING
Directed writing................................ 74
Tackling the bullet points 1..................... 76
Tackling the bullet points 2..................... 78
Tackling the bullet points 3..................... 80
Tackling the bullet points 4..................... 82
Tackling the bullet points 5..................... 84
Discursive writing 1 86
Discursive writing 2 88
Discursive writing 3 90
Discursive writing 4 92

GRAMMAR
Pronunciation, *ser* and *estar* 94
Verbs: present tense 96
Verbs: past tenses.............................. 98
Verbs: future, conditional, perfect and
pluperfect tenses 100
Verbs: present continuous and subjunctive 102
Por/para and pronouns......................... 104

APPENDICES
Transcripts 106
Index 126
Glossary of key grammatical terms 128

INTRODUCTION

INTRODUCING CFE HIGHER SPANISH

USING THIS BOOK

This guide will help you achieve success by taking you through the various challenges of the CfE Higher Spanish course. The Higher course will continue to build on the foundations laid down in National 5, so you need to ensure the basics are in place. It can also help you to crash a Higher in one year, as well as stretching your knowledge and understanding as you work towards Advanced Higher. Throughout, you will see how the topics are not prescriptive, how they can be integrated and how the different themes are connected. The topic areas can be explored in class and at home, but the main way to achieve success in CfE Higher Spanish is to develop the skill areas of Listening, Talking, Reading and Writing. Although the four language skills are connected, Listening and Reading activities should come first, and, once you have been exposed to the language, you will be in a better place to carry out Talking and Writing activities. This book will also help you develop your cultural awareness of the Spanish-speaking world and should enable you to reflect about world citizenry. Throughout the book, you will see there are plenty of references to movies in Spanish which you might decide to watch for fun. Apart from getting a good result in your Higher Spanish, your ultimate aim is to develop communicative competence and to be able to use Spanish 'for real' in and outside the classroom. To achieve this purpose, this book intends to provide you and your classmates with opportunities to discuss relevant topics regarding world issues and your own health and wellbeing, with further opportunities for you to engage with cognitive challenges through language, culture and citizenry themes.

WHAT DOES CFE HIGHER SPANISH INVOLVE?

The course is divided into four contexts: Society, Learning, Employability and Culture. This guide will take you through some of the newer topic areas and show you how to tackle exam-type questions and the internal talking performance and discursive writing assessments. There are a variety of activities, some of which go beyond the level expected at Higher and so are better tackled as a group or with a peer. These are highlighted with a red triangle throughout, as on page 26. This book also gives advice on how to approach new components which you did not see in National 5, such as Translation, which is embedded in the reading passages. You will also have to do two different types of writing. The Assignment Writing will be assessed internally, but marked by SQA; the Directed Writing is part of Paper 1 of the final exam. The more practice you get, the more accurate your writing will become. Try to get into the habit of recycling sentences and language structures you come across in reading and listening to put them to use when talking and writing.

FORMATIVE (THROUGHOUT THE YEAR) AND SUMMATIVE ASSESSMENT (FINAL EXAM)

Prior to the final exam in May, you will be required to do a talking assessment (performance) which will be a ten-minute conversation with your teacher. Throughout the school year, you will be carrying out many speaking tasks informally in class. This process will help you improve your talking skills. Finally, a talking assessment will be carried out at your school and your teacher will pass on your mark to SQA. Secondly, you will do a writing assessment in class and you will have opportunities to improve your piece with the help of your teacher feedback. Details of these two formative assessments are given below.

The final exam consists of a written examination which will test the skills of Reading, Writing and Listening. It has three parts, covering the four contexts: Society, Learning, Employability and Culture. You might get, for example, a listening passage on the topic of Society, a reading passage and translation on the topic of Learning, and two Directed Writing pieces on the topics of Employability and Culture (of which you would choose one).

DON'T FORGET

The book is divided into the four contexts of Society, Learning, Employability and Culture. Grammar points have been embedded throughout within the Listening, Reading, Writing and Talking tasks. When a specific grammar point appears in an activity, you will be reminded where to go in the Grammar section of the book if you wish to have a more thorough look or to gain more understanding.

DON'T FORGET

The transcripts of all the Listening tasks are at the back of the book, and you should refer to these not only to check your answers, but as a starting point for your Writing activities.

LISTENING

Head to www.brightredbooks.net to find the listening tracks for the activities in this guide.

ONLINE

The SQA website gives further detail about the topics and grammar you need to think about before the exam. Follow the link from www.brightredbooks.net

contd

Component 1: Reading, Translation and Directed Writing

The Reading paper has a passage in Spanish and questions in English. This is similar to National 5 but there is only one passage and the language is more detailed and complex. The answers are worth 20 marks, which include two marks for an overall purpose question asking you what the passage is about. This is not a 'tick the box' exercise as it was at National 5. The Translation involves a few lines of Spanish to be translated into English. The part of the reading passage you have to translate will be underlined. This component is worth ten marks. It will be divided into five sense groups and each sense group will be worth two marks. The translation examines your high-level thinking skills, so you need to take plenty of time for this, as precision is very important here.

Component 2: Directed Writing

The Directed Writing will require you to write an essay in the past tense. You will be expected to use both the imperfect ('I used to do') and the preterite ('I did'). You will have a choice of two scenarios which will be on two different contexts, selected from Society, Learning, Employability or Culture. Each Directed Writing will have six bullet points. This component is worth 20 marks, but will be scaled to a mark of 15.

Component 3: Listening

The Listening paper is made up of a monologue and a dialogue and will last approximately 30 minutes. The paper is worth 20 marks, but will be scaled to a mark of 30. Part A is a monologue which lasts between one minute and one minute and a half and is worth eight marks in total. You will answer questions in English.

Part B is a discussion between two speakers on the same context as the monologue but not on the same topic within that context. It will last between three and four minutes and is worth 12 marks in total. The questions on this section are also in English. You are not allowed to use a dictionary in this paper.

Assignment-Writing

The Assignment-Writing is the fourth component of the Higher exam. You will do it in class under supervised conditions. Throughout the year you will write a lot of discursive essays (writings in which you will be giving your opinion, arguments for your point of view as well as alternative points of view) in the different topics you will study. Once you have done a lot of practice and are secure in your writing skills, your teacher will provide you with a choice of questions similar to the ones you have already written essays on.

The Assignment-Writing is marked by SQA and is worth 20 marks which will be scaled to a mark of 15. Like the Performance-Talking, the Assignment-Writing is completed prior to the final exam and is submitted to SQA in March. More details of this formative and summative assessment are discussed in this book in pages 86–92.

Talking examination (Performance)

This is the fifth examination component. It is usually conducted by your teacher before the written exam and it is audio recorded or filmed. Throughout the year you will have many opportunities to speak Spanish with your teacher and peers in the class. The talking performance will take the form of a ten-minute conversation covering topics you would have studied and spoken throughout the year. This conversation may start with some questions about yourself (what you study, what you like doing in your free time, future plans) to put you at ease. This initial section should last no more than two minutes, and the examination should continue covering at least two of the four contexts (Society, Learning, Employability, Culture). You will be able to choose the contexts and topics you wish to speak about in advance, but you will not know exactly what questions the teacher is going to ask you. You will find more details in this book in pages 70–72.

HOW THIS BOOK CAN HELP YOU

This book will take you through your work leading to the examination and should be used to complement the work you are doing in class. It offers a combination of exemplar material, grammar points and a guide to revision of the topics you need to cover. It will also talk you through some techniques for improving your work as well as giving you insights into exam techniques.

This book is based on the best available research on Modern Languages learning and teaching in the communicative approach, including my own doctoral research on interaction in the classroom. This book incorporates aspects of the Common European Framework for Languages (CEFR) in relation to the development of communicative competence. It incorporates a lot of authentic material, and many resources which have been used in classroom teaching. At times, the difficulty level in some tasks is beyond Higher (SCQF 6). This is done to stretch you by exposing you to real language as much as possible. Many activities combine together Listening and Reading. When the book asks you to do so, you should tackle these activities as a combined Listening and Reading task: read the transcript or text several times, listening to it at the same time, or alternate reading and listening. Depending on your language ability, you might decide to do a Reading activity as a Listening one to challenge yourself.

SOCIETY

VAMOS A PRESENTARNOS

These pages will encourage you to start thinking about what you already know in Spanish, or, if you are new to the subject, will give you some basic structures you can use to talk about yourself. It will also give you some tips to help with your pronunciation.

ACTIVIDAD 1 LEE, ESCUCHA, HABLA: GRUPO 1

Read/listen to these four Spanish-speaking people introducing themselves. For each person, jot down their 1. name/surname (*nombre y apellidos*); 2. nationality (*nacionalidad*); 3. job (*profesión*); 4. hobbies (*pasatiempos*). Then, in your groups, introduce yourself to each other and give a few facts about yourself, for example about your hobbies.

Rimaykullayki, que quiere decir 'hola, te saludo, ¿cómo estás?' en quechua. Yo soy boliviano y vivo cerca del Salar de Uyuni. Soy Pedro García Serrano y hablo las dos lenguas, español en la y quechua con mi familia y amigos. Soy maestro. En mis ratos libres me gusta jugar al fútbol, salir a dar una vuelta en bici y caminar. Soy una persona muy sociable y ahora estoy muy contento porque en verano voy de vacaciones a México.

Kaixo, que quiere decir 'hola' en vasco. Soy Isabel Zubizarreta Erentxun y soy del País Vasco que está en el norte de España. Todos los españoles tenemos dos apellidos, el primero de nuestro padre y el segundo de nuestra madre. Soy estudiante de bachillerato y en mi tiempo libre, aunque no tengo mucho ahora por los deberes, me encanta quedar con mi pandilla para salir de paseo, de compras o al cine. Soy alta y creo que soy simpática; suelo ser una persona relajada, aunque ahora estoy muy nerviosa por los exámenes y porque tengo que decidir qué quiero ser en el futuro.

Bos días, que quiere decir 'buenos días' en gallego. Soy María Gil Andrade, y soy de un pueblo cerca de Vigo. Soy enfermera y trabajo en un hospital con personas mayores. En general soy una persona muy positiva y suelo estar de buen humor. Soy bajita y estoy a dieta porque quiero perder peso. Estoy soltera, aunque vivo con mi pareja y tenemos dos hijas que son muy guapas. Mis hijas están siempre corriendo de un lado para otro. En nuestros ratos libres nos gusta ir a la playa o a la piscina a nadar, e ir al parque. A mí me gusta mucho cantar: soy muy buena cantante y estoy aprendiendo a tocar el piano.

Hola, soy Rodrigo Bouba Diop, y soy español. Mis padres son de Senegal, pero yo soy gaditano, es decir, de Cádiz. Tengo dieciocho años, y soy estudiante en la Universidad de Cádiz. Estoy estudiando biología marina, y en el futuro quiero ser trabajador medioambiental en alguna organización no gubernamental que defienda los derechos de especies protegidas. Soy una persona bastante tímida y ahora estoy muy ocupado con mis estudios. Soy una persona fuerte y musculosa, pero ahora estoy un poco delgado porque no tengo tiempo para hacer deporte. Cuando tengo tiempo, me gusta hacer surf y soy muy buen nadador. Me encanta ir a Tarifa con mis amigos, sobre todo en verano cuando la universidad está cerrada.

DON'T FORGET

Remember that in Spanish, people have two surnames: the first surname is their father's and the second their mother's. When women get married they do not change their name. Look at the names in the four introductions to see this.

Salar de Uyuni, Bolivia

Tarifa, España

Society: Vamos a presentarnos

 **ACTIVIDAD** **HABLA: GRUPO 2**

After you have introduced yourself, come up with six sentences about yourself. Five should be true and one should be false. See if your classmates can work out which one is incorrect.

Example:
1 Mi padre es inglés.
2 Mi hermano vive en Rusia.
3 A mí me gustaba de pequeño cantar ópera.
4 Me llevo fatal con mis hermanos.
5 Soy una persona muy paciente.
6 Estoy aprendiendo a bailar tango.

 ONLINE

Check out the link at www.brightredbooks.net to learn about Spanish names. Does your name have a Spanish equivalent?

LA PRONUNCIACIÓN

 **HABLA, ESCUCHA: GRUPO 3**

Read aloud the following words to a classmate before listening to them.

1	elefante	6	casa	11	té	16	hermano	21	España
2	león	7	ropa	12	dentista	17	jamón	22	tomate
3	jirafa	8	universidad	13	Antonio	18	conejo	23	paella
4	aguacate	9	caro	14	perro	19	llamar	24	zapato
5	hola	10	cien	15	jarra	20	hombre		

 DON'T FORGET

Have a look at the Grammar section on p. 94 to brush up your pronunciation.

 DON'T FORGET

Listen to Lucía talk about her family again while reading the transcript on p. 106. Listen as many times as necessary to make sense of all the questions.

 **ACTIVIDAD** **ESCUCHA: LA FAMILIA DE LUCÍA**

Answer the following questions in English about Lucía's family:

1 What are Lucía's parents like?   4
2 Why do her two brothers still live at home?   2
3 What is good about having a twin sister?   1
4 Who lives next door? And upstairs?   2
5 What are the advantages of living with so many people?   4
6 What are the disadvantages?   2
7 What are the main causes of misunderstandings?   2
8 What does Lucía say about when she needs to be back home?   3

 DON'T FORGET

Lucía uses a lot of adverbs when talking about her family. For example: *Mis padres son <u>un poco</u> mayores, pero tienen una mentalidad <u>muy</u> joven, nos dan <u>bastante</u> libertad y confían <u>mucho</u> en nosotros.* It is important that you know how to use adverbs accurately. Go to Lucía's transcript on p. 106, note the underlined adverbs and then translate them into English.

THINGS TO DO AND THINK ABOUT

In your group, discuss your answers to the following questions.

1 ¿Tu familia es grande?
2 ¿Cuántos sois?
3 ¿Qué edad tienen tus hermanos?
4 ¿A qué se dedican tus padres?
5 ¿Te llevas bien con tu familia?
6 ¿Quién es el mimado/la mimada?
7 ¿Alguien tiene el síndrome del hermano menor/mayor/del medio?
8 ¿Qué os gustaba hacer cuando erais pequeños?
9 ¿A qué escuela primaria ibas?
10 ¿Prefieres ser mayor?

 DON'T FORGET

Lucía uses the present tense most of the time. To brush up your knowledge of -ar/-er/-ir verbs, go to the Grammar section on p. 97.

 ONLINE TEST

Head to www.brightredbooks.net to test yourself on this topic.

SOCIETY

LA FAMILIA: PADRES Y HERMANOS

The context of Society covers many different topics. We will look at each one in turn and show you how to develop your language skills, vocabulary and grammar. The topics covered within the society context include family and friends, leisure and hobbies, healthy living, new technologies food banks, and corruption in politics.

RELACIONES ENTRE HERMANOS

 SIBLING RELATIONSHIPS

Follow the link at www.brightredbooks.net and watch the video on sibling relationships. Match the two halves of these sentences. Then, in a group or with a partner, decide whether you agree with them or not.

1. Los hermanos y hermanas son personas distintas con su propia personalidad.	a. Puede que se ahonden las diferencias solo por la forma que tenemos de tratarlos.
2. No obstante, además de las propias características de los hijos como la edad, el sexo o la personalidad…	b. sino que cambian conforme padres, madres, hijos e hijas se hacen mayores.
3. Padres y madres no tratamos por igual a cada uno de nuestros hijos, ni tratamos igual a las chicas que a los chicos.	c. las cosas que hace bien y mostrar alegría por su comportamiento.
4. En ocasiones, en las familias más tradicionales, las mujeres pueden ser tratadas y educadas…	d. comienza una etapa de importantes cambios en las relaciones familiares que también afectan a las relaciones entre hermanos y hermanas.
5. También las diferencias se pueden dar entre el trato que reciben los hijos o hijas que estudian y son responsables frente a quien no lo es.	e. que puede dejar luego paso a unas relaciones positivas y cálidas durante los años de la infancia.
6. Es importante resaltar en quien es menos estudioso…	f. el comportamiento de las madres y los padres tiene una gran influencia en que las relaciones entre sus hijos o hijas se caractericen más por los celos y los problemas que por la complicidad y el afecto.
7. Las relaciones entre hermanos y hermanas no permanecen iguales a lo largo del tiempo,	g. suele ser transitoria cuando las relaciones entre hermanos y hermanas fueron buenas durante la infancia.
8. Así, hay una primera etapa difícil, la de los celos tras el nacimiento de un hermano o hermana,	h. incluso por sus madres, de manera más estricta y desigual con respecto a los hombres.
9. Más tarde, con la llegada a la adolescencia,	i. por las mismas razones que le llevan a alejarse de los progenitores: la búsqueda de una mayor autonomía y de un espacio propio en el contexto familiar.
10. Con frecuencia, una relación positiva entre hermanos o hermanas de distinta edad,	j. que puede mostrarse resentido y fastidiarle para llamar su atención.
11. El hermano o hermana mayor trata de distanciarse del menor…	k. Asumir esto ya es poder corregirlo.
12. En esta situación puede ocurrir que el mayor ya no quiera jugar con el pequeño,	l. se puede convertir en conflictiva con la llegada a la adolescencia de uno de ellos.
13. En cualquier caso, madres y padres debemos saber que esta conflictividad…	m. No se han elegido voluntariamente como hermanos, por lo que es normal que a veces encajen muy bien y otras no tanto.

DON'T FORGET

Listen to Jaime's and Raquel's recordings and read the transcript on p. 106 at the same time. Do this as many times as you need to in order to be able to answer all the questions.

 ESCUCHA: JAIME Y RAQUEL

Teenagers Jaime and Raquel don't have a father, but they have two mothers, Victoria and Ana. Listen to Jaime and Raquel speak about their childhood, family life and friends, and answer the questions in English.

Jaime

1. How old were Raquel and Jaime when Victoria and Ana adopted them?   2
2. What does Jaime remember about the flat where they used to live? Mention any four things.   4

contd

3 What does Jaime say about his grandparents?	4
4 How did they use to spend their afternoons?	4
5 What did Ana use to do at night?	2
6 What did Jaime use to do on a Friday night? And on Saturdays?	2

Raquel

7 What were some of Raquel's friends unable to understand at the beginning?	2
8 What did Raquel use to do with her family as a child? Mention any four things.	4
9 What does Raquel do now with her friends?	2
10 Why do some other girls in school criticise Raquel? Mention any four things.	4

DON'T FORGET

Raquel and Jaime talk using the imperfect tense (*Cuando éramos pequeños Raquel y yo vivíamos en un pueblecito* – When we were young, Raquel and I used to live/lived in a little town). To brush up your knowledge of this tense, visit the Grammar section on p. 98.

 **ACTIVIDAD** — **LEE: LA LEY DEL MATRIMONIO HOMOSEXUAL**

Read the following text about the 2005 law reforms in Spain that legalised same-sex marriage, and answer the questions in English that follow.

> **"El Congreso aprueba la ley del matrimonio homosexual"**
>
> En el año 2005, España se convirtió en el cuarto país del mundo en reconocer el derecho al matrimonio homosexual, después de Bélgica, Holanda y Canadá. Los partidos políticos de centro e izquierda como el Partido Socialista e Izquierda Unida apoyaron la ley con 187 votos a favor, mientras que el partido político de derechas, el Partido Popular, estuvo en contra con 147 votos.
>
> El entonces presidente socialista, José Luis Rodríguez Zapatero, hablaba así sobre los beneficios de esta ley: 'Esta ley ayuda a construir un país más decente, porque una sociedad decente no humilla a sus miembros. Esta reforma nos hace mejores a todos, y ahorra sufrimiento inútil de seres humanos'.

1 Who voted for and who voted against the law?	2
2 President Zapatero spoke about the benefits of the law. What are they?	4

ONLINE TEST

Head to www.brightredbooks.net to test yourself on this topic.

ACTIVIDAD — **HABLA, ESCRIBE: MY OWN BELIEFS**

With a partner, read the following statements and decide whether you agree or not. Then use the statements to write some opinion sentences about your own beliefs:

1 Lo importante es tener una familia que te quiera. La sexualidad de los padres o los hermanos no importa.

2 Tener dos padres, o dos madres, o un hermano o hermana homosexual es difícil, porque la sociedad todavía no está del todo preparada y hay personas intolerantes.

3 En mi insti los alumnos y los profes son muy tolerantes, todo el mundo ve la sexualidad de los alumnos con normalidad, tanto si eres homosexual como si no.

4 Estoy de acuerdo con el matrimonio homosexual, es tan normal como cualquier otro. No entiendo a la gente que lo ve mal.

ONLINE

Go to the Digital Zone to complete three listening tasks on how teenagers and parents can communicate better, the relationships between parents and children, and sibling relationships.

THINGS TO DO AND THINK ABOUT

Look over the transcripts again, and try to put together a few sentences to describe your family, where you live or used to live, favourite childhood memories, what you used to like doing and what you like doing now. Share them with a classmate.

SOCIETY

LA FAMILIA Y LOS AMIGOS: EL ACOSO

ADOLESCENCIA

 ACTIVIDAD 1: ESCUCHA, LEE: VIOLENCIA EN LA ESCUELA O EN EL INSTITUTO

Go online to watch the video clip you need to carry out the following listening activity. Tackle this activity as a combined reading/listening task. You might have to stop the video many times to allow yourself time to jot down your answers. First, watch the video on its own and see how many pieces of vocabulary and words you can recognise then answer the questions below in English.

1. Why are friendships so positive for the development of adolescents?
2. What are the main characteristics of bullying?
3. Give the examples of bullying named in the video.
4. Give as many details as possible about the consequences of bullying for: the victims, the aggressor and the people who witness the bullying.
5. The video continues giving advice on how parents could detect if their sons/daughters have been bullied. Give as many details as possible. Once again, take your time, and stop the video as often as you need.

EL ACOSO – BULLYING

 ACTIVIDAD 2: LEE: *COBARDES*

Read the following passage about the Spanish film *Cobardes* (*Cowards*) and answer the following questions in English.

1 La película *Cobardes* de los directores José Corbacho y Juan Cruz (España, 2008) expone los miedos de la sociedad, tanto en adolescentes que sufren de acoso escolar o bullying en las aulas de un instituto, como los miedos de sus padres en el trabajo y en sus vidas en general. *Cobardes* muestra lo difícil que
5 pueden llegar a ser las relaciones sociales en la familia. Del mismo modo, las relaciones sociales pueden ser conflictivas entre los grupos de amigos, tanto para los jóvenes como para los mayores.

Gabi es un chico, con una hermana menor, hijo de una presentadora de un informativo de televisión y de un instalador de alarmas. Guille, con apariencia
10 de buen chico, se burla de él y lo llama, para insultarle, 'zanahoria'. Guille mantiene una posición de liderazgo con otros tres compañeros de clase. Al principio Guille acosa a Gabi con insultos y desprecios. Pero despuér, continúa con el robo del móvil de Gabi en varias ocasiones, persecuciones por la calle y grabaciones en el móvil; al final lo golpea brutalmente.

15 Las familias de los chicos son muy interesantes: Joaquín y Merche, padres de Gabi, son una familia de clase media, muy ocupados por su trabajo y en atender como pueden a sus hijos. Los dos sufren otros tipos de acoso en el trabajo: a Merche la obliga a no decir por televisión toda la verdad sobre ciertos temas políticos; por otro lado, Joaquín tiene mucho miedo en el trabajo porque el jefe
20 lo trata muy mal y le dice que lo va a despedir. <u>Joaquín y Merche se llevan bien con Gabi, son muy amables y no son nada estrictos. Sin embargo, como están tan ocupados, Gabi no tiene a nadie para hablar de sus problemas, y los padres no se dan cuenta que a Guille le están haciendo bullying en el instituto. Lo que es peor, Gabi no puede aguantar más la situación, y decide acosar a su hermana pequeña.</u>

ONLINE

Head to www.brightredbooks.net for an extra reading activity on bullying and 'cobardes'.

contd

Society: La familia y los amigos: el acoso

Questions

1. What are the two kinds of fear that the movie *Cobardes* exposes? — 2
2. What does the movie *Cobardes* demonstrate about social relationships? — 3
3. What are Gabi's parents' jobs? — 2
4. What name does Guille call Gabi to bully him? — 1
5. In what other ways does Guille bully Gabi? — 4
6. How are Joaquín and Merche bullied at work? — 4
7. Translate the underlined section. — 10

ACTIVIDAD — HABLA: TALKING ABOUT BULLYING

Match each type of bullying with its definition. Then use the sentences as a starting point to write a paragraph about bullying which you will then use as a talking activity: *En mi opinión el peor acoso es cuando otras personas <u>se inventan historias/ te ponen un mote/ te hacen cyberacoso/ te golpean,</u> por ejemplo, si le dicen a alguien 'dumbo' por tener las orejas grandes, o 'cuatro ojos' por tener gafas.*

1 Físico (te golpean)	**a** Se trata de hablar mal de una persona a sus espaldas.
2 Cyberacoso (te hacen cyberacoso)	**b** Se trata de mirar mal a una persona, o comentar su aspecto físico para hacerle sentir mal o para burlarse de la otra persona.
3 Inventarse historias (se inventan historias)	**c** Se trata de golpear o atacar a otra persona para hacer daño físico.
4 Poner un mote (te ponen un mote)	**d** Se trata de insultar a alguien o crear falsos rumores en las redes sociales, o subir fotos a Internet contra la voluntad de la otra persona.

ONLINE

Visit www.brightredbooks.net to find out more about the movie *Cobardes*.

ONLINE TEST

Test yourself on this topic at www.brightredbooks.net

THINGS TO DO AND THINK ABOUT

Look at the following reasons why someone might be a bully. In your group or with a partner, discuss each one and whether or not you agree that it it is a common reason for bullying.

ONLINE

Go to www.brightredbooks.net to carry out three listening activities on family arguments, bullying and becoming an adult.

- **a** tiene problemas familiares o con los amigos.
- **b** tiene celos de su víctima.
- **c** tiene mucha inseguridad.
- **d** no comprende su comportamiento.
- **k** tiene una autoestima muy baja, y ataca para defenderse.
- **e** se siente mal y quiere que los demás se sientan como él.
- **j** lo ve como una forma de ser popular.
- **f** no tiene ninguna empatía.
- **i** sufre de maltrato en su casa y quiere imitar a sus padres.
- **h** lo hace porque es una forma de llamar la atención.
- **g** fue víctima del acoso antes.

EL ACOSADOR...

11

SOCIETY

LOS NOVIAZGOS Y LOS AMIGOS

VIDEO LINK

Watch the clip for this activity at www.brightredbooks.net

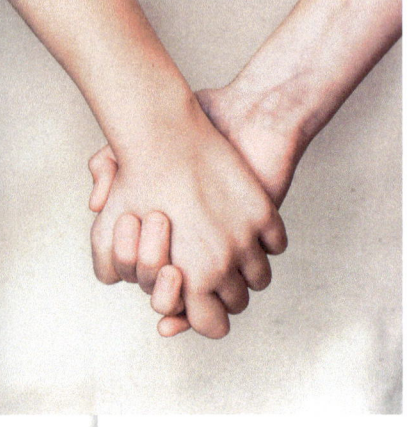

ONLINE

Go to www.brightredbooks.net to tackle a combined listening/reading activity on self-esteem.

ONLINE

Go to www.brightredbooks.net to listen to a love song and a song about friendship, then do the accompanying activities.

DON'T FORGET

When answering question 1, look for the hook '**what can relationships be?**' – '**las relaciones pueden ser…**' as the answer will follow right after this in the text. Other possible answers could be split by a comma, a colon or could continue in the next sentence. Notice how 'pueden ser' keeps coming up. That means that there are other possible answers.

ACTIVIDAD 1 ESCUCHA, LEE: RELACIONES SANAS

Read the passage below, about parenting advice on healthy relationships, then answer the questions that follow. Go to www.brightredbooks.net to listen to the pronunciation whilst watching the clip.

Relaciones sanas

En la adolescencia, chicos y chicas empiezan a mantener relaciones con otras personas que van más allá de la amistad y del compañerismo. En esta etapa, **las relaciones pueden ser** de las cosas más positivas que ocurran en la vida de tu hijo o hija: pueden ser románticas, excitantes, divertidas, pueden provocar sentimientos positivos muy intensos. Pero en ocasiones también pueden ser complicadas y provocar sentimientos negativos e incluso dolor. <u>Aunque es normal que las relaciones pasen por momentos donde se mezclen aspectos positivos y negativos, es importante que tanto las chicas como los chicos aprendan que mantener una relación solo merece la pena cuando aporta cosas positivas la mayor parte del tiempo. Cuando en una relación ambas personas están a gusto, disfrutan mutuamente en compañía y se tratan con respeto, es una relación sana.</u>

Algunas recomendaciones para nuestros hijos e hijas:

1. Animar a pensar en cualidades de quienes consideran amigos y amigas, para que puedan buscarlas en la persona con la que mantienen una relación.

2. Si aún no mantienen ninguna relación, recomendar que se tomen un tiempo y que traten de conocer a más gente. No tener una relación no te hace diferente de los demás.

3. Cuando comienzan una relación que no les convence del todo o no les hace sentir bien, deben poder ser libres para terminarla.

Cómo son las relaciones sanas:

Es importante hablar con nuestros hijos e hijas sobre cómo son las relaciones sanas. Las principales características de una relación saludable son:

1. Sentirse a gusto en compañía de la otra persona, haciendo cosas conjuntamente.

2. Ser capaces de realizar actividades por separado, manteniendo el espacio propio, las aficiones, amistades y la relación con la familia.

3. Las opiniones de ambos miembros de la pareja importan, aunque sean distintas. Frente a problemas y discusiones, intentar buscar soluciones mediante el diálogo y la negociación y no por imposiciones.

4. Comunicarse con la otra persona mediante el respeto. Tener relaciones sexuales de mutuo acuerdo. Aceptar el NO sin problema, forma parte de una relación saludable.

5. Ser responsable de nuestra propia vida, nuestra felicidad no depende de otra persona.

6. Apoyar a la pareja en sus proyectos.

7. Reconocer que hombres y mujeres son iguales.

1 According to the text, what can relationships be like?
2 Translate the underlined section.
3 Give details of the three tips for parents.
4 Alone or with a partner, agree on the order of importance of the seven factors that contribute to a healthy relationship.

Society: Los noviazgos y los amigos

ACTIVIDAD LEE, ESCUCHA, HABLA: GOOD FRIENDS

Read/listen to the following sentences about what makes a good friend and decide which ones you agree with. Then, in your group, discuss your opinions.

1. Me intenta dar consejos.
2. Me juzga y me critica a mis espaldas.
3. Se lleva bien conmigo y me respeta, aunque a veces tengamos opiniones distintas.
4. Me escucha.
5. Me dice siempre la verdad, aunque la verdad me haga daño.
6. Me dice las cosas con delicadeza.
7. Está siempre a mi lado cuando lo necesito.
8. Solo está en los buenos momentos.
9. Es una persona con la que puedo contar, y puedo hablarle en confianza.
10. Es una persona con la que salgo a beber y ligar los fines de semana.
11. Me presenta a todos sus amigos, y hace que me sienta integrado/a con su grupo de colegas.
12. Me da cigarrillos y chicles en los recreos del instituto.
13. Me invita a su casa y me hace sentir como de la familia.
14. Me da ánimos y me ayuda a estudiar.
15. Deja que copie sus deberes.
16. Miente a mis padres y les dice que estoy en su casa, aunque en realidad esté de fiesta.
17. Toma decisiones por tí porque eres una persona indecisa.
18. Me ayuda a preparar una entrevista de trabajo.
19. Cuando salgo de compras, me aconseja sobre qué ropa comprarme.
20. Me aconseja sobre qué estilo de pelo llevar, o cómo maquillarme.

Un buen amigo es aquel que/Una buena amiga es aquella que…	Un mal amigo es aquel que/Una mala amiga es aquella que…

ACTIVIDAD TRADUCE: GOOD FRIENDS

Now translate the 20 sentences above into English. Check your answers at www.brightredbooks.net.

THINGS TO DO AND THINK ABOUT

Use the sentences from the above activity to write a short essay of about 120–150 words on the topic of friendship. Divide your essay into four paragraphs and use the tips/paragraph starters below to help you structure your essay. Afterwards, use your notes to talk with your classmates about what makes a good friend.

1. Para empezar, yo creo que un buen amigo es aquel que (1), (2) y (3).
2. A primera vista, podría parecer que un buen amigo es aquel que (4) o (5), pero no estoy de acuerdo. (At first sight it might seem that a good friend is someone who …)
3. Yo tengo buenos amigos, por ejemplo, mi amigo/a …, es un/una buen/a amigo/a porque … (6)
4. En mi opinión, (yo) pienso que un buen amigo puede influenciarme mucho en mi vida, por ejemplo (7) o (8).

ONLINE TEST

Head to www.brightredbooks.net to test yourself on this topic.

DON'T FORGET

Be careful of the word order when using pronouns. In Spanish you say *mi amigo me ayuda* or *mi amigo me dice* with the pronoun coming after the verb, while in English the order is reversed: my friend <u>helps me</u>, my friend <u>tells me</u>. Go to page 104 to brush up your knowledge of pronouns.

SOCIETY

EDUCACIÓN PARA LA CIUDADANÍA: LA EMPATÍA, 'LOS PELONES'

ACTIVIDAD 1 LEE: 'LOS PELONES'

Read the following passage by Spanish author Albert Espinosa in which he writes about how he struggled with cancer when he was a teenager. When he was in hospital, Albert formed a gang of fellow young cancer patients called *Los pelones* (The Eggheads). Answer the questions that follow in English.

EXTRACTO DEL PRÓLOGO DEL GUIÓN CINEMATOGRÁFICO DE 'PLANTA CUARTA'

El guión que está publicado a continuación es un guión de una película, un guión de ficción. Pero para mí, además es parte del guión de mi vida…

Yo viví esa película. Yo fui uno de esos pelones que con catorce años entró en un hospital y le tuvieron que amputar una pierna.

Yo crecí en un hospital. Con los pelones corríamos por los pasillos del hospital, jugábamos al baloncesto, nos escapábamos a la planta de las chicas y fumábamos en el tejado donde aterrizaban los helicópteros.

Yo aprendí muchas cosas del cáncer. El cáncer me dejo sin una pierna y sin medio pulmón pero la enfermedad me enseñó que vale la pena luchar por vivir y lo importante que son la familia y los amigos para conseguir superar esta enfermedad.

Fueron diez años de lucha por recuperarme. Entré al hospital siendo un adolescente, y allí dejé la adolescencia. Dejé el colegio con catorce años y volví a las clases cuando entré en la universidad.

1 Albert explains that the script is fictional but also describes it as what? 1
2 How old was Albert when he first went to hospital? 1
3 Mention any three things that Albert used to do in hospital with the other *pelones*. 3
4 What did he learn from his illness? 2
5 How long did it take Albert to recover? Give details. 3

ACTIVIDAD 2 LEE, HABLA, ESCRIBE: LA RUTINA DIARIA DE UN ADOLESCENTE

Look at the activities below. Make two lists, one with the activities you like doing, and another one with the activities you think the 'Pelones' did while they were in hospital.

Yo creo que los pelones pueden (can)/podían (could) …	Yo pienso que los jóvenes podemos …
Yo creo que los pelones no pueden/no podían …	A mí me encanta …

1 Jugar al fútbol
2 Jugar al baloncesto
3 Salir a dar un paseo
4 Escribir a los amigos en Facebook
5 Ir a fiestas
6 Comer un helado
7 Nadar en la playa o en la piscina
8 Tomar el sol
9 Conocer y hacer amigos
10 Hablar con los padres de sus amigos
11 Estudiar en el instituto
12 Leer un libro
13 Ir al cine
14 Ver la televisión
15 Escuchar música
16 Ligar con chicas y chicos
17 Hablar por teléfono
18 Vestirse con la ropa que quieren
19 Ir de vacaciones
20 Ir de compras

ONLINE

Go to www.brightredbooks.net to read more about *Los Pelones*.

Society: Educación para la ciudadanía: la empatía, 'Los Pelones'

ACTIVIDAD LEE: ALBERT ESPINOSA

Read the following text about Albert Espinosa.

Albert <u>estuvo enfermo</u> con cáncer y <u>pasó</u> diez años en el hospital cuando era un adolescente. Cuando <u>se recuperó escribió</u> la obra de teatro *Los pelones*, que después, el director de cine Antonio Mercero llevaría al cine con la película *Planta cuarta*.

Albert <u>hizo</u> un pacto con sus otros amigos enfermos de cáncer: el que se curara tendría que contar la historia de todos en el hospital. Por otra parte, los vivos tenían que repartirse la vida de los que ya no estaba y vivir por ellos.

En la obra de teatro y en la película Izan representa a Albert. Albert no quería ser el personaje principal.

Así describe el mismo Albert su libro *El mundo amarillo*:

El mundo amarillo es un mundo fantástico que quiero compartir contigo. Es el mundo de los descubrimientos que hice durante los diez años que estuve enfermo de cáncer. Es curioso, pero la fuerza, la vitalidad y los hallazgos que haces cuando estás enfermo sirven también cuando estás bien, en el día a día.

Los amarillos son esas personas especiales, y amarillas como el sol, que no son ni familia, ni amantes, ni amigos, esa gente que se cruza en tu vida y que con una sola conversación de cinco minutos te alegra el momento o te hace pensar y que puede llegar a cambiarte la vida.

El mundo amarillo habla de lo sencillo que es creer en los sueños para que estos se hagan realidad. Y es que el creer y el crear están tan solo a una letra de distancia. Y tú, ¿a qué esperas? ¿Quiénes son tus 'amarillos'?

Extracto adaptado de El mundo amarillo *de Albert Espinosa*

Now read the following and find their Spanish equivalents in the passage.

1 He spent ten years in hospital when he was an adolescent.
2 When he got better he wrote the play *Los pelones*.
3 ... would have to tell the story of everyone in hospital.
4 Albert did not want to be the main character.
5 ... when you are well from day to day.
6 ... who are not family, lovers, nor friends.
7 ... with just a five-minute conversation, they make you happy or they make you think and they can even change your life.
8 ... how easy it is to believe in dreams.
9 ... to believe and to create are very close to each other.
10 ... what are you waiting for?

 **DON'T FORGET**

These passages are describing events that happened in the past. As the author wants to show that the situation is now over, it is mainly written in the preterite. Some examples of the preterite have been underlined.

 THINGS TO DO AND THINK ABOUT

Take the activities listed in the table and turn them into proper sentences to talk about what you and your friends like to do. For example: *jugamos al fútbol*; *salgo a dar un paseo*. Visit the Grammar section on p. 96 to revise the Spanish present tense.

 **DON'T FORGET**

The exercise where you have to find the Spanish for the English sentences is a good way of working on your recognising skills which you will need when you tackle reading passages. Watch out for key words that will give you an idea of where to look in the text and try to pick out Spanish words that look similar to English words.

15

SOCIETY

EDUCACIÓN PARA LA CIUDADANÍA: LOS AMIGOS DE LOS MAYORES

 **LEE, ESCUCHA: LOS AMIGOS DE LOS MAYORES**

'Los Amigos de los Mayores' is a Spanish charity, which works with the elderly. Watch their promotional video at www.brightredbooks.net and read the transcript below at the same time. Then read the summaries below and match each one to the correct section in the Spanish text.

1 Mayte Sancho La idea de acompañar a personas mayores es, voy a su casa, y me siento allí con ella, le hago compañía. En algún momento dijimos, ¿y qué quieren esas personas? ¿Les hemos preguntado si lo que quieren es que estemos sentaditos en torno a su mesa camilla o quieren irse de compras o quieren irse al cine? ¿O quieren irse a una terraza? Luego, lo que descubres es que cuando las personas redescubren, retoman la calle, sus vidas cambian mucho; es más, casi no quieren volver a casa.	**6 María** Desde el principio, cuando lo vi, tuve clarísimo qué es lo que quería hacer. Los llamé, vine a tener una charla con ellos y enseguida empecé a ser voluntaria con ellos.
2 Mercedes Villegas La fundación Amigos de los Mayores es una organización de voluntariado. Lo que hacemos es acompañar a personas mayores que se sienten solas y lo hacemos mediante una serie de actividades. Lo principal son acompañamientos a domicilio, esto es, un voluntario, visita una vez a la semana a una persona mayor y luego, como vemos que esto se queda corto, la mayoría de las veces, a las personas mayores les gustaría salir más y ampliar su red social y conocer a otras personas mayores, pues les ofrecemos una serie de actividades, de ocio y lúdicas, donde se puedan relacionar con otros mayores y otros voluntarios.	**7 Juan Carlos** Organizaciones de este tipo deberían proliferar más, y nosotros involucrarnos más, que vivimos muy egoístamente.
3 Mari Cruz Isa fue a casa a verme y vio que estaba un poco triste y decaída, y me dijo que si quería apuntarme a Amigos de los Mayores.	**8 Karen** Me lo paso estupendamente.
4 Mercedes Villegas Hacemos encuentros en barrios, hacemos salidas culturales. En verano hacemos turnos de vacaciones, y son momentos donde realmente se comparten vida, relaciones, amistades, y bueno, pues eso es lo que hacemos.	**9 Mayte Sancho** Intentamos que las personas mayores tengan presente que es la idea de proyecto, la ilusión, el pensar en algo que pueda justificar el llevar una vida activa, es muy importante.
5 Inmaculada Soler *(Rufi: Hola, buenos días, Baldomero, soy Rufi de Amigos de los Mayores, ¿qué tal, cómo estás?)* Hemos crecido en concepto, en la manera de hacer, en cómo trabajar, tenemos una relación de igualdad con la persona con la que vamos a trabajar. Hacemos una entrevista personal, para conocerlos bien, para poder adaptar con qué persona mayor van a estar colaborando. Pues les hacemos también un proceso de formación, de seguimiento, de acompañamiento.	**10 Mercedes Villegas** Cuando las personas mayores van a recibir la visita de un voluntario, siempre se preparan. Cuando organizamos algún evento, se arreglan porque les gusta salir, maquillarse, les gusta saber que va a haber alguien que va a preocuparse y a estar presente. Que te digan ¡qué guapa estás!, sí que da calidad de vida.

a She has a great time.
b They meet in the neighbourhoods where the elderly people live, they go on cultural outings and in the summer they go on holiday together.
c They asked what kind of activities they were doing with the senior citizens. They asked them what they wanted to do. They took them out, and their lives changed.
d Isa saw her (Mari Cruz) looking sad, and asked her to join the association.
e The association is a charity. They do home visits to elderly people who feel lonely, and then they take them out on social outings.
f The elderly people make an effort to look nice (dress up/wear make-up) when they know they are going to have a visitor or will be going out.
g Some people are very selfish. There should be more charities like this one.
h The charity tries to match up the interests and personalities of the volunteers with those of the elderly.
i She knew straight away she wanted to get involved.
j It's important that the senior citizens feel active and have things to look forward to.

 ONLINE

Check out the clip for this activity at www.brightredbooks.net

 DON'T FORGET

Try to listen to the track and read the accompanying text at the same time. You should listen and read as many times as necessary to understand it thoroughly.

16

Society: Educación para la ciudadanía: Los Amigos de los Mayores

 ACTIVIDAD 2 LEE: ANNE'S AND COLIN'S E-MAILS

Anne and Colin are applying to work as volunteers with Amigos de los Mayores. Read their e-mails below.

Hola, me llamo Anne, tengo 17 años y en este correo electrónico quiero explicar el porqué me gustaría ser voluntaria en su fundación. En septiembre termino mi curso de bachiller en Escocia, y este año he estudiado español. Aunque solo soy principiante, creo que me desenvuelvo bastante bien, y me encantaría mejorar mi nivel de español hablado. Por esto, estoy pensando tomarme un año sabático e irme a vivir a Madrid.

Voy a hacer un curso de español e intentaré buscar trabajo, aunque sé que va a ser un poco difícil porque en España ahora hay muchos jóvenes en paro. Como tendré mucho tiempo libre, quiero hacer algo útil para la sociedad, y me gustaría ayudar en su fundación con las personas mayores porque creo que es algo muy importante.

Yo soy una chica sociable, agradable, habladora, y me encantaría pasar tiempo con personas mayores en Madrid; tengo muchas ganas de escuchar, seguro que las personas mayores tienen muchas historias interesantes que contar. Por ejemplo, a mí me encanta pasar tiempo con mis abuelos y todos los fines de semana suelo ir a ayudarlos un poco. Normalmente los domingos vamos todos juntos a comer a un restaurante, y a veces llevo a mi abuelita a la peluquería.

En mi opinión, sería una buena voluntaria. Me gustaría visitar a algunas personas en sus casas, pero sobre todo participar en actividades con ellas, como por ejemplo llevarlas al médico, al supermercado, o a dar un paseo.

Le saluda atentamente

Anne Johnston

Estimado/a Sr. Sra.:

Me llamo Colin, soy un chico escocés, tengo 22 años, acabo de terminar mi carrera en la universidad. He estudiado enfermería, y ahora me gustaría pasar seis meses en Madrid para vivir un poco inmerso en la cultura española.

He leído un anuncio de la fundación y pensé escribir para ofrecerme como voluntario. Me parece que ser voluntario en su fundación, trabajando con personas mayores, sería una buena experiencia porque al mismo tiempo que conozco a gente puedo hacer una labor bonita y gratificante.

En general soy un chico bastante tímido, sé escuchar, me gusta mucho leer novelas, ir al cine y salir de marcha con mis amigos. Aunque sea tímido, me lo paso muy bien conversando con mis amigos, y mi familia, incluyendo a mis abuelos. Los visito casi todos los fines de semana y vemos alguna película juntos.

Cuando era más joven pasaba mucho tiempo con mis abuelos porque mis padres trabajaban mucho. Me encantaba ir de vacaciones con mis abuelos a España. Tenían una casa en Alicante, por eso hablo español bastante bien.

En la fundación me gustaría visitar a un par de personas mayores semanalmente, escuchar lo que tengan que contarme, y si no tienen mucho que decir, pues simplemente pasar con ellos la tarde o ver la televisión juntos. También tengo carné de conducir, así que puedo llevarlos en coche si necesitan ir al fisioterapeuta, o al supermercado. Como soy enfermero, también puedo ir de vacaciones para cuidar a personas mayores que necesiten más ayuda.

Reciba un cordial saludo

Colin Anderson

Now decide who each of the statements below refers to, Anne or Colin.

1. Speaks Spanish quite well
2. Despite being a beginner, manages well.
3. Is a nurse
4. Is talkative
5. Is trying to get a job
6. Takes his/her gran to the hairdresser's
7. Has read an advert about the charity
8. Grandparents had a house in Spain
9. Can drive
10. Is willing to go on holidays with the senior citizens
11. Wants to take a gap year
12. Likes to go out with friends
13. Thinks that senior citizens have a lot to say
14. Spent a lot of time with his/her grandparents when younger
15. Wants to improve his/her spoken Spanish

 ONLINE

Follow the link at www.brightredbooks.net to see the official website of Los Amigos de los Mayores.

 DON'T FORGET

You can reuse a few ideas from these texts to help you write your own application letter to do voluntary work.

 ONLINE TEST

Head to www.brightredbooks.net and test yourself on this topic.

THINGS TO DO AND THINK ABOUT

Try to decide with your classmate whether the following things grandparents do are good or bad. Then imagine you are your parents and consider the same issues again!

A mí (no) me gustan los abuelos porque …
(No) estoy de acuerdo contigo. Por el contrario, yo pienso que los abuelos … y eso (no) es bueno.

1. suelen mimar y consentir a los nietos
2. compran regalos y dan chocolate y golosinas a los nietos
3. dan dinero a los nietos
4. tienen mucho tiempo, más que los padres y escuchan a los nietos
5. se quejan por muchas cosas
6. tienen una manera de pensar antigua
7. compran ropa más bien fea a los nietos

17

SOCIETY
LOS PASATIEMPOS Y LOS FINES DE SEMANA

 **ACTIVIDAD 1** ESCUCHA: JUAN, ELVIRA Y MANUEL

Three young people, Juan, Elvira and Manuel, are speaking about their hobbies and what they do at the weekends.

Write as much information in English as you can under the following headings. Listen carefully for the adverbs you learned in previous activities and be precise when giving your answers.

Juan
1. What Juan does during the week.
2. What he does on Saturdays.
3. What he does on Sundays.

Elvira
1. What Elvira does on Saturdays.
2. What she can/cannot do on Saturday evenings.
3. What she does on Sundays.

Manuel
1. What Manuel says about Madrid.
2. Where he spends his weekends and with whom.
3. Why it is such a positive experience.
4. What can be difficult.
5. (a) What some friends of Manuel do at the weekend.
   (b) What he thinks about that.

 DON'T FORGET

At Higher level you are expected to provide more detailed information when doing Listening activities than for National 5. When Juan says *intento estudiar*, you might have got the mark by saying 'he studies' at National 5 but at Higher you must specify 'he <u>tries to study</u>'. Equally, when Juan says *no tenemos suficiente dinero* the answer 'we don't have money' will not be enough to award you the mark. You must say 'we don't have <u>enough</u> money'.

 **ACTIVIDAD 2** ESCUCHA, LEE, ESCRIBE, HABLA: WHAT DO YOU DO AT THE WEEKEND?

Listen to the above activity again and read the transcript at the back of the book at the same time. Then select some sentences that you could reuse for writing and talking about what you do at the weekends.

 **ACTIVIDAD 3** LEE: ALBERTO'S WEEKENDS

Read the following text about Alberto's weekends and answer the questions that follow in English, providing as much detail as possible. Some expressions you may not know are in the glossary below the text.

Como la mayoría de la gente, mi momento favorito de la semana es el viernes por la tarde, cuando salgo de trabajar y tengo ante mí todo el fin de semana para relajarme y a veces, *rascarme la barriga**.

5 La verdad es que me siento muy afortunado de tener esos dos días enteritos para mí, porque, por ejemplo, mi novia tiene que trabajar seis horas los sábados y cinco horas los domingos. Yo puedo dormir toda la mañana y levantarme tarde. Sin
10 embargo, ella normalmente tiene que *madrugar** para ir a trabajar.

Por otra parte veo a mi padre, que llega de trabajar los viernes muy cansado, pero los sábados tiene que ocuparse del campo: ir a regar los árboles,
15 tenemos naranjos, y a ocuparse de todos los animales, pues tenemos 50 gallinas. Encima de todo eso, tiene que ir a cuidar a mis abuelos que están un poco mayores, así que no tiene mucho tiempo para sí mismo. Admiro mucho a mi padre,

contd

18

Society: Los pasatiempos y los fines de semana

20 porque siempre está de buen humor, y siempre está dispuesto a ayudarme con los deberes, o a *llevarme en coche** a algún sitio si está lloviendo.

El año pasado en el instituto no trabajé mucho, y no aprobé ninguna asignatura en bachillerato. Como
25 tampoco iba a clase, porque *me saltaba muchas clases** para quedarme en casa de mis amigos, no me aceptaron en ningún *instituto de formación profesional**, para estudiar turismo. Me hubiera gustado estudiar turismo este curso escolar. Como
30 no he podido estudiar este año, estoy trabajando a tiempo completo en un restaurante de camarero, y por las noches voy a un instituto nocturno para aprobar más asignaturas de bachillerato, para poder entrar a estudiar turismo el año que viene.

35 En general, el fin de semana me sirve para dos propósitos muy distintos. En primer lugar descanso de la semana *agotadora** en mi trabajo: diez u once horas diarias en un restaurante, todo el tiempo de pie. Ah, y por las noches los
40 lunes, martes y jueves, voy al *instituto nocturno**. En segundo lugar, es el tiempo que tengo para divertirme y hacer deporte.

Los sábados por la mañana juego al fútbol en el equipo de mi pueblo, soy defensa, y la verdad,
45 mi novia dice que *no tengo abuela**, pero juego realmente bien.

Los sábados por la noche suelo salir con mi pandilla. A veces hacemos *botellón** en la plaza del pueblo. Es muy divertido, bebemos un poco, pero
50 no mucho. El gobierno está intentando aprobar leyes para prohibir el botellón. Yo creo que si las copas fueran más baratas en los bares, nosotros los jóvenes no tendríamos que beber en las calles. La verdad es que no gano mucho dinero, por eso
55 vivo todavía con mis padres, porque no tengo suficiente para independizarme, así que *no me hace gracia** gastarme tanto dinero en bebidas que *cuestan un ojo de la cara** el fin de semana.

Los domingos son los días que paso con mi novia.
60 Para mi es la chica más guapa, más divertida y más simpática del mundo; tenemos mucha confianza y podemos hablar de todo. Desafortunadamente no podemos pasar mucho tiempo juntos, así que cuando estamos juntos los domingos intentamos
65 aprovechar lo máximo posible. Nos gusta ir a pasear, a montar en bicicleta, cuando llueve vamos al cine, en general nos gusta pasar tiempo juntos para poder charlar de nuestra semana.

Glossary
rascarme la barriga = to do nothing (literally, to scratch my belly)
madrugar = to wake up very early
llevar(me) en coche = to give (me) a lift
me saltaba muchas clases = I played truant a lot
instituto de formación profesional = college
instituto nocturno = night school
agotadora = exhausting
no tengo abuela = I'm full of myself (literally, I don't have a grandmother – because grandmothers are always saying nice things about their grandchildren so without a grandmother the speaker has to do it himself)
botellón = drinking in the street
no me hace gracia = I don't really like/it's not my cup of tea
cuestan un ojo de la cara = to cost an arm and a leg (literally, to cost an eye of your face)

1 What is Alberto's favourite time of the week?
2 Why does he feel so lucky?
3 What does his dad do on Saturdays?
4 Why does he admire his dad?
5 What happened to him last year with regard to his studies?
6 What is he doing to try to resolve the situation this year?
7 According to Alberto, what two purposes do weekends have?
8 What does Alberto do on Saturdays?
9 What does he say about *el botellón*?
10 What does he say about his girlfriend, and how do they spend their weekends?

 ONLINE

Go to www.brightredbooks.net and do the listening activity on hobbies and free time.

 VIDEO LINK

You will have noticed that some expressions are very difficult to translate from one language to another, such as *no tengo abuela* or *rascarse la barriga*. The internet can be a useful tool for translating, but success is not always guaranteed! Check out the video at www.brightredbooks.net and see if you agree.

 ONLINE TEST

Head to www.brightredbooks.net to test yourself on this topic.

 THINGS TO DO AND THINK ABOUT

In the glossary for this reading activity you saw several idiomatic Spanish expressions. Try to make sentences with them and use them when you can in other activities.

Pick up sentences from the reading activity above and create a three minute presentation about your weekends.

SOCIETY

LA TELEVISIÓN, EL CINE Y LAS NUEVAS TECNOLOGÍAS

 **ACTIVIDAD 1** LEE: TELEVISION AND THE INTERNET

Read what these three young people from Latin America have to say about television and the internet, and then answer the questions below each text, giving as much information as you can.

Guadalupe

Ciertamente la televisión puede entretener, pero yo pienso que también atonta a las masas. Hay muchos jóvenes que llegan a casa, se sientan enfrente de la caja tonta, la televisión, y miran cualquier cosa que pongan. Muchos expertos opinan que hay que ver la televisión de una forma selectiva, y no simplemente
5 cualquier cosa que haya porque estemos aburridos. Algunos estudios indican que los estudiantes del instituto, que pasan mucho tiempo viendo la tele, suelen sacar peores notas en los exámenes. En otros casos la televisión es la responsable de la falta de comunicación en muchas familias. Mi madre dice que las familias argentinas no deberían tener televisiones en los comedores,
10 así, a la hora de comer, las familias podrían mantener una buena conversación y saber lo que todos han hecho durante el día. Finalmente, también se dice que la televisión puede transformar a los espectadores en seres pasivos, o en personas que se lo creen todo simplemente porque ha salido en la televisión.

ONLINE

Go to the Digital Zone to tackle a listening/reading activity on the dangers of the internet.

1 What are Guadalupe's first thoughts about television?
2 What do many young people do when they get home?
3 What do experts say?
4 What do some studies say?
5 What does Guadalupe's mum say?
6 What is finally said?

María José

La televisión no es algo muy importante para mí. De vez en cuando la veo cuando estoy en el salón en casa con mi familia, o cuando estoy cansada y no tengo ganas de hacer nada más. Ver la televisión es muy fácil, pero a veces pienso que paso demasiado tiempo haciendo zapping y viendo simplemente basura.

5 A la hora de cenar, yo suelo ver las noticias en la tele, para estar más o menos informada de lo que ocurre en Venezuela, en Latinoamérica, y en el mundo en general. Suelo ver las noticias en varias cadenas de televisión porque cuando se trata de noticias del gobierno, a veces, distintas cadenas suelen dar las noticias de maneras ligeramente distintas, dependiendo de su color político. Siempre hay que
10 prestar mucha atención a lo que se escucha, para no dejarse engañar.

En general lo que más me gusta son las series de televisión, me encanta ver 'La teoría del Big-Bang' por ejemplo, o 'Betty la fea', pero me gusta ver estas series en versión original, en inglés o en español. Como mis padres no hablan inglés, las veo cuando voy a mi habitación, en la cama, en la tableta. Además de ver series en la
15 tableta, también utilizo internet para casi todo: para mirar ropa y comprar ropa en línea, para ayudar a mis padres a hacer la compra del supermercado, para consultar dudas de los deberes y para hablar por Skype con mis primos que viven en España.

ONLINE

You have already seen that some Latin American song lyrics can be very melodramatic! Soap operas can be too. Get a flavour of this by going to www.brightredbooks.net and watching the soap opera *¿Qué hora es?*

1 When does María José watch television?
2 What does she think about watching television?
3 What happens in María José's home at dinner time?
4 What does she likes watching the most? How does she watch them?
5 What does she use the internet for?

contd

20

Society: La televisión, el cine y las nuevas tecnologías

Paco

Pienso que en algunas familias la tableta es la sustituta de los juegos y la atención a los críos pequeños por parte de los padres. En casa de mis tíos, por ejemplo, los chicos están siempre viendo programas en la tableta.
5 Pienso que sería mucho mejor si mis tíos jugaran con sus hijos pequeños o les leyeran cuentos, pero como llegan muy cansados de trabajar, simplemente les ponen la tableta para callarlos y quitarse de problemas. ¡Es muy triste! Incluso, los fines de semana, cuando salen a
10 comer a un restaurante, mis primos están *embobados** viendo algo en la tableta o en los teléfonos móviles de sus padres, y mis primos solo tienen cuatro años. Sin embargo, tengo que reconocer, que yo no sé lo que haría sin Internet, pues lo utilizo para todo: para hablar
15 con mis amigos en las redes sociales, para bajarme música y videos de internet, para hacer compras, para hacer todos los deberes del instituto
20 y para bajarme libros, yo no leo libros de papel, lo hago todo en línea. Estoy conectado casi todo el día, y me estreso mucho cuando nos vamos
25 de vacaciones a un camping donde no hay buena recepción en mi móvil.

Glossary

embobados = engrossed

1 What does Paco think about tablets?
2 What happens at Paco's aunt and uncle's house?
3 What does he say about his cousins during weekends?
4 What does Paco use the internet for?
5 Why does Paco get stressed?

ACTIVIDAD 2: ESCUCHA: IGNACIO Y CRISTINA

Listen to the recording twice. Ignacio and Cristina are talking about the internet and new technologies. Write as much information as you can in English to answer the following questions.

Ignacio

1 What is strange about Spanish homes nowadays?
2 What does Ignacio's philosophy teacher say?
3 What does his mum say?
4 What does his dad say?
5 What are some of the advantages of the internet?

Cristina

1 What does Cristina say about watching television?
2 What do her parents say?
3 What does she use the internet for?
4 What can be difficult at times?

ACTIVIDAD 3: ESCUCHA: GONZALO'S THOUGHTS ABOUT CINEMA

Listen to Gonzalo, a 17-year-old Scot, talking about cinema. Go online and listen to the task whilst reading the transcript, then answer the questions that follow in English, giving as many details as possible. As in previous examples, the level here is beyond what is expected of you at Higher level. Head to the BrightRED Digital Zone and watch the trailers of *8 apellidos vascos* and *8 apellidos catalanes*.

1 Name the last film Gonzalo watched and explain what it was about.
2 In which ways does he prefer to watch films and why?
3 What are his cinema-going habits?
4 What type of movies or TV series does he prefer and why?
5 What are his views on television versus cinema?
6 How will he be involved in cinema or television in the future?

THINGS TO DO AND THINK ABOUT

Read the texts once more and go over the transcripts for the listening activities (Ignacio/Cristina/Gonzalo). Pick out sentences you could use to talk about how much television you watch; what you use the internet for; what are the positive and negative aspects of the internet and new technologies; whether you prefer cinema or television. Once you have written your notes, read it aloud and record it on your phone. Share it with your classmates, and get them to work out what you are saying.

SOCIETY

LA SALUD Y EL BIENESTAR 1

DON'T FORGET

This text has the length and difficulty of a Higher Spanish Reading Paper, so you could time yourself and try to do this under exam conditions. You can use a dictionary, try this on your own, allowing yourself roughly one hour to one hour and twenty minutes. In the final exam you will have 2 hours for the Reading paper and Directed Writing.

DON'T FORGET

Read the questions in English very carefully so that you know exactly what information is required. Look at the number of points for each question. If you are asked to give **any** two or three details, it means that there will be more than two or three details given. Choose the ones you understand. Use the questions to try to identify where in the passage you have to look to find the information.

ONLINE TEST

Head to www.brightredbooks.net to test yourself on health and wellbeing.

¿SABEMOS EL AZÚCAR QUE CONSUMIMOS?

 ACTIVIDAD 1 LEE: EXAM-STYLE TASK

Read the following text about the introduction of a possible sugar tax in Mexico. Then re-read the article and answer the questions that follow in English, providing as much information as you can.

México

México es el segundo país del mundo con el mayor número de adultos con obesidad, detrás de Estados Unidos, y es el primero en sobrepeso infantil, según la *OCDE**. El consumo de refrescos por persona en el país es de 160 litros al año frente a 38 litros de leche.

5 El Gobierno de México busca combatir los altos índices de obesidad y diabetes con un impuesto a las bebidas azucaradas, una medida que fue aplaudida por la Organización Mundial de la Salud (OMS), pero que se enfrenta al rechazo de los productores de refrescos.

Esta medida responde a una situación calificada por Naciones Unidas como de
10 'emergencia nacional': *'Sale más caro comprar agua que refrescos azucarados en México'*, declaró el director de la Asociación de Consumidores Puerta Blanca, en la Ciudad de México.

Epidemia de Sobrepeso

El gobierno está preocupado por la epidemia de sobrepeso y obesidad que padece el país, por esto intenta desarrollar una política integral que desincentive
15 el consumo. Esto tendría el efecto de generar recursos económicos para crear alternativas, y así se podría aportar dinero al servicio público de sanidad al introducir impuestos a los refrescos azucarados.

Sin embargo, hay otros expertos que están totalmente en contra de introducir impuestos sobre el azúcar, porque dicen que no es ético que los consumidores
20 tengan que pagar más dinero por comprar comida o bebida con azúcar. Del mismo modo, estos expertos también dicen que sería injusto ponerle más impuestos al consumo de alcohol, por ejemplo.

Opiniones y posturas diferentes

El Doctor Ramón Esquinas, profesor de la Universidad Autónoma de México (UNAM) opina: *'Como siempre, el gobierno penaliza y castiga con impuestos a las personas
25 que menos dinero tienen, porque no se atreve a desafiar a las empresas privadas, y subirles los impuestos a los dueños de las grandes corporaciones internacionales que dominan la producción mundial de comida y bebida'*. Así continúa: *'El gobierno, debería tener una legislación más dura con las empresas y obligarlas a fabricar alimentos más sanos: ¿por qué el kétchup o el tomate frito tienen
30 que tener tanta azúcar? ¿Por qué se le permite a las grandes empresas fabricar bebidas energéticas o carbohidratadas con hasta 24 cucharadas de azúcar por lata? Esto debería de estar regulado, pero los gobiernos no se atreven, y castigan al ciudadano de a pie.'*

Fuentes oficiales del Gobierno de México aseguran que poner impuestos por litro
35 de bebida azucarada sería adecuado, coincidiendo con la recomendación de la Organización Panamericana de la Salud (OPS) de aumentar los impuestos al 20 %, porque el consumo de bebidas se reduciría en un 25.8 %.

'El objetivo del impuesto es desincentivar el consumo de estas bebidas que son nocivas para la salud e inciden en el aumento de la obesidad y la diabetes',
40 precisó el director de la Fundación Obesidad Ciudad de México, Antonio Fernández, asociación encargada de la consulta y evolución de la obesidad en el país.

contd

22

Society: La salud y el bienestar 1

Otros estudios, como los de la Universidad de Santiago de Chile, revelan que la subida de impuestos no garantiza que la gente cambie sus hábitos alimenticios. El refresco sólo contribuye en un 5 % a la dieta de 3 mil calorías que representa lo
45 que come el mexicano al día. Este estudio de la Universidad de Santiago resalta que hay mucho camino por andar para educar o re-educar a la sociedad en cuanto a la nutrición, y que un impuesto por sí solo quizás no sea la solución adecuada.

La Obesidad en Europa

En Europa, la obesidad también es un gran problema para la salud pública. Por ejemplo, en el Reino Unido, un tercio de los niños que terminan la escuela primaria
50 tienen sobrepeso o son obesos, y los jóvenes más desfavorecidos, o que vienen de familias con menos dinero, son dos veces más propensos a ser obesos que aquellos que vienen de familias que tienen más recursos económicos. Es curioso que, hace doscientos años, las personas más pobres no podían permitirse comer alimentos con azúcar y por eso solían tener mejores dientes que las personas ricas. Hoy en
55 día, en el siglo veintiuno, por norma general sucede lo contrario. Del mismo modo, en el Reino Unido, la diabetes tipo 2, asociada con un alto índice de masa corporal, conlleva cerca del 10% del presupuesto anual del servicio de salud (NHS).

Glossary

OCDE (Organización para la Cooperación y el Desarrollo Económico) = OECD (Organisation for Economic Cooperation and Development)

Re-read lines 1–12 (**México**).

This section explains the health conditions of many Mexicans.

1 What does the text say in the first paragraph? Provide any two facts. (2)

2 What did the director of the Puerta Blanca association declare? (1)

Re-read lines 13–22 (**Epidemia de Sobrepeso**)

3 The government is worried for the overweight epidemic.

　A What are they trying to develop? (1)

　B What effects would this have? (2)

4 Some experts consider the sugar tax unethical. Give details. (2)

Re-read lines 23–33 (**Opiniones y posturas diferentes**)

5 Dr Esquinas is giving his opinion about the sugar tax in Mexico.

　A What is his opinion? Give any two details. (2)

　B What should the government do? Give any one detail. (1)

　C What does he say about tomato ketchup and energy drinks? (2)

Re-read lines 34–47 (**Opiniones y posturas diferentes**)

6 What do Mexican government sources assure the sugar tax will bring about? (1)

7 What does the study carried out by the University of Santiago de Chile reveal? Give any two details. (2)

Re-read lines 48–57 (**La Obesidad en Europa**)

8 What curious fact is given in this last section? Give details. (2)

9 Overall, would you say this article is for or against the sugar tax? Back up your answer with information from the text. (2)

10 Translate into English:

'Por ejemplo, en el Reino Unido …. familias que tienen más recursos económicos' (10)

DON'T FORGET

In Question 2, ' what did the director of the Puerta Blanca association declare?', to save time, you could look at the Spanish key words 'declaró' 'director de la Asociación Puerta Blanca'. This will tell you the answer is nearby and you should notice that the answer to this question, as it is the declaration of the director, will have speech marks: 'Sale más caro comprar agua que refrescos azucarados en México'.

DON'T FORGET

In the final exam the Overall Purpose question is worth 2 marks, so you only need to write about 5 or 6 lines. You need to provide an assertion and a justification to your assertion. If you quote Spanish text, make sure you say what it means in English. Don't write half a page for a question which is only worth 2 marks! Make sure you allow yourself enough time for the Translation, which is worth 10 marks!

ONLINE

Go to www.brightredbooks.net to find out about how to buy food in markets and supermarkets, order tapas in a restaurant and buy clothes. There are links to videos in both Spanish and English.

THINGS TO DO AND THINK ABOUT

With two different colours of highlighter, pick out the statements for and against a sugar tax. Use these as a basis to make your own opinion sentences, and then hold a class debate.

Yo creo que el impuesto es bueno porque el consumo de bebidas azucaradas es más alto que el consumo de leche.

Yo pienso que el impuesto no es bueno porque la medida no es ética.

SOCIETY

LA SALUD Y EL BIENESTAR 2

A.

B.

C.

ACTIVIDAD 1 LA VIDA SANA: A HEALTHY LIFESTYLE

Read the following conversation between Pablo and Sergio about healthy lifestyles. As you read it, try to match the sentences up with the images in these two pages (24 and 25). Some sentences may have more than one corresponding image. Then, fill in the table below with what Pablo or Sergio would like to do, and their excuses.

1 Pablo: Hola Sergio, despues del verano, debería prestar más atención a lo que como. Creo que a veces como demasiada comida basura o con grasas. A veces creo que comería mejor si tuviera más tiempo para cocinar.

2 Sergio: Ya Pablo. Pues yo no debería tomar más de dos bebidas con gas al día, pues son muy malas para los dientes porque tienen mucho azúcar. Bebería más zumos naturales si la fruta fuera más barata.

3 Pablo: Pues a mí, me gustaría hacer mucho más deporte. Querría empezar a ir al gimnasio tres veces a la semana, pero ahora es imposible porque tengo muchos deberes.

4 Sergio: Ya, te entiendo amigo. Pues yo haría mucho más deporte al aire libre, pero el tiempo en Escocia es malísimo.

5 Pablo: Ufff, qué positivos estamos. Creo que podría intentar empezar una dieta equilibrada, pero es más fácil comer lo que hay en la nevera o lo que cocinan mis padres.

6 Sergio: Bueno Pablo. Creo que tu prioridad debería ser dejar de fumar porque es malo para la salud, produce cáncer, y además, siento decirte esto, pero te huele el aliento fatal.

7 Pablo: Ya, y además tendría que dejar de beber alcohol los fines de semana cuando salgo con mis amigos, porque al día siguiente tengo resaca, y me cuesta concentrarme para estudiar.

What they would like to do (to keep healthy)	Their excuses
1. Pablo would like to pay more attention to what he eats. He eats to much junk / fatty foods	1. Pablo would eat better if he knew how to cook or had more time to cook

ONLINE

Go to www.brightredbooks.net for more activities and tests.

D.

ACTIVIDAD 2 ESCUCHA: EXAM-STYLE TASK

Try out this listening task under exam conditions. The audio track has been prepared following the style of the SQA listening exam. Remember in the listening exam you won't be allowed a dictionary.

Part A

Jesús talks about what he does to keep healthy.

1 Why is Jesús stressed? 1
2 Name any two of his hobbies. 1
3 How does he feel after doing sports? 1
4 Why does he say that sports are a good way of socialising? Give one example. 1
5 Why does he think he is so lucky with regard to his eating habits? Give any three facts. 2
6 Why does he think it is important for young people to live a healthy lifestyle? Give two reasons. 2

contd

Society: La salud y el bienestar 2

Part B

Luis and Ana talk about Ana's weekend.
1 Why was Ana's weekend so problematic? Give any two details. — 2
2 What happened to the car? Give any two facts. — 2
3 How has Ana's brother been punished? Give any two details. — 2
4 Why would Ana's brother never pay his dad back? Explain. — 2
5 Give any two details about the other kind of punishment to make Ana's brother more aware of what he did. — 2
6 Why does Ana think her parents do not know she smokes. Give any one detail. — 1
7 Why is Ana stopping smoking? Give any one detail. — 1

12

Total marks A + B = 20

E.

F.

 HABLA: KEEPING FIT

Use Jesús' monologue (transcript in page 108) to write a piece on what you do to keep fit. If you are not fit, but have good intentions, use some of Sergio's and Pablo's sentences from activity 1 to show your good intentions and/or excuses. Try to answer these questions in your piece. Once you have done yours, take turns with your classmates to ask them these questions about their health.

Y tú, ¿qué haces para mantenerte en forma? ¿Sigues una dieta equilibrada? ¿Crees que es importante para los jóvenes llevar una vida sana?

G.

You can also recycle the language used in previous topics:

¿Qué haces los fines de semana? ¿Piensas que debería haber un impuesto sobre el azúcar? ¿Cuáles son los aspectos negativos y positivos de la tele? ¿Y de las nuevas tecnologías?

H.

 THINGS TO DO AND THINK ABOUT

Use your writing piece on health and wellbeing to record a monologue lasting around four minutes about your own healthy (or not so healthy!) lifestyle. Remember you can also recycle vocabulary from the free time/hobbies topic.

J.

L.

I.

K.

N.

M.

25

SOCIETY
LAS DESIGUALDADES SOCIALES Y LOS BANCOS DE ALIMENTOS 1

 ACTIVIDAD 1: ESCUCHA, LEE, GRUPO: SOR LUCÍA CARAM 1

Sor Lucía Caram is a Catholic nun, originally from Argentina, who works in a food bank in Manresa, near Barcelona. She speaks very quickly, so don't expect to follow what she says in the video without reading the text at the same time. In fact, you should treat this exercise mainly as a reading activity. Answer the questions after each text in English, giving as much detail as possible.

1 (01:43–02:45) En campaña contra la pobreza

Nosotros lo que hicimos fue empezar en el 2008 cuando comenzó la crisis, la gente venía a pedir cada día algo para comer. A finales del 2008 cada día venían 9 personas, a finales del 2009, 45 familias cada día. Hasta hace unos meses teníamos unas 1300 familias, y esta semana nos trasladamos a un nuevo banco de alimentos. Entonces,
5 lo que nosotros nos resistíamos mucho era a hacer un comedor social, porque para nosotros y para mí personalmente, por lo que estoy explicando de la cocina, es muy importante que la familia comparta la mesa. Para mí, el cocinar en casa es muy importante, porque es una forma de afianzar los vínculos y de encontrarse, ¿no? Por eso hicimos un banco de alimentos en el que a la gente no se les da unas cajas
10 cerradas, si no que la gente viene a buscar los productos que quiere para poder cocinar lo propio de su cultura, y para poderlo compartir. Entonces, nosotros damos a la gente los alimentos, para que cocinen en casa, y para no romper las dinámicas familiares, ¿no? Entonces tenemos en este momento 1300 familias, ahora podremos atender 300 familias más a partir del sitio en el que nos hemos trasladado.

VIDEO LINK

Watch the clips for this activity at www.brightredbooks.net

1 How has the situation got worse in Sor Lucía's food bank? Explain.
2 Why did Sor Lucía oppose the idea of 'un comedor social', a dining room where food is provided for the poor? Give details.

2 (02:47–03:54) Twitter – 174.000 seguidores

174.000 seguidores, se ha disparado exponencialmente ahora, y la verdad que los medios y las redes sociales son un amplificador brutal de lo que se está haciendo, ¿no? Es una forma también de transparencia absoluta, ¿no? Es un espacio para tener sentido del humor, para tener sentido del amor, para informar, para quejarte y para
5 crear complicidades. También es un espacio para hacerte fuerte, porque también es un espacio, las redes sociales, en las que desde el anonimato la gente insulta, descalifica, y ataca. Posiblemente a mí no me atacan tanto por lo que hago como por lo que digo. A veces hay que provocar un poco para tener, no sé, un poco de sentido del humor. Pero sí, ya directamente … no, no, intento no leer todos los comentarios sino me deprimiría,
10 y no tengo tiempo para deprimirme ahora. Sí que sé que lo mejor que hay que hacer es moderar, yo antes tenía incontinencia verbal, y ahora tengo incontinencia digital, entonces digo lo que pienso, y bueno, a veces no tendría que ser tan espontánea, y por eso hay reacciones como las que hay, pero está bien. No me arrepiento.

1 According to Sor Lucía, what are the good points about social networks? What about the not so good ones? Give details.
2 Why does she get attacked?
3 What does she do to protect herself?
4 What does Sor Lucía mean by *incontinencia digital*? Explain.

Society: Las desigualdades sociales y los bancos de alimentos 1

A Dios rogando

Periodista: Sor Lucía, buenas tardes. ¿A qué hora se ha levantado hoy Sor Lucía?

Sor Lucía: A las 5, hoy a las 5, media hora más tarde.

Periodista: ¿Media hora más tarde? ¿Habitualmente a las 4:30?

Sor Lucía: A las 4:30, lo que pasa es que con el cambio horario, estoy un poco que
5 lo arrastro normalmente durante un mes, y ya, ya me pondré las pilas.*

Periodista: Bueno, la vemos en acción, *A Dios rogando* * dice su último libro, pero usted es de los *del mazo dando,* * y está ahí en el banco de alimentos, ¿qué está haciendo ahora mismo exactamente hermana?

Sor Lucía: Mira, ahora estamos ya al final de la mañana. Esta mañana han pasado
10 más de un centenar de familias, esta tarde continuaremos, y lo que hacemos
   es acoger a las familias que vienen derivadas por los servicios sociales, y por la
   red sanitaria. Son las familias que están peor dentro de la ciudad de Manresa, y
   les damos alimentos, los acogemos, los escuchamos, vamos haciendo una bolsa
   de trabajo, y buscamos un poco solución a la situación tan dramática que están
15 viviendo. La gente a la que estamos atendiendo, hay que pensar que son los que
   están absolutamente expulsados del sistema. La mayoría de la gente cobra 426
   euros al mes, o no cobra nada, y la mayoría tienen niños dentro de sus casas. En
   este momento, pues antes de comenzar esta entrevista, quisimos contar cuántas
   familias tenemos, y tenemos 1340 familias, y estamos atendiendo casi a 5000
20 personas, con lo cual es muchísimo. Es un termómetro que nos está diciendo que es
   lo que nos está pasando en la sociedad y por eso, además de *A Dios rogando, hay
   que estar con el mazo dando,* * porque entre todos tenemos que hacer algo para
   solucionar este drama que estamos viviendo, que se llama crisis, pero en realidad
   es falso. Se llama fracaso del sistema, fracaso de la política, y sobre todo fracaso del
25 Estado que, desgraciadamente nos está gobernando o sometiendo.

Glossary

Ya me pondré las pilas = I'll pull my socks up (literally, I'll put the batteries in)

A Dios rogando, hay que estar con el mazo dando = (roughly translates as) God helps those who helps themselves (literally, praying to God, must also hit with the hammer, meaning they must work hard)

1. How do families get sent to Sor Lucía's food bank? Give details.
2. What do the volunteers do when the people arrive? Explain.
3. Give full details of the situation users of the food bank are in.
4. What does Sor Lucía say about the crisis? Explain.

THINGS TO DO AND THINK ABOUT

Go over section 2 (Twitter – 174.000 seguidores), and highlight sentences you could use to talk about your opinion of social networks. For example:

Yo pienso que las redes sociales son buenas porque es un espacio para tener sentido del humor.

Yo pienso que las redes sociales son malas porque la gente insulta desde el anonimato.

DON'T FORGET

In listening tasks, read the questions in English carefully and underline or highlight key words in the question to help you focus on the Spanish. Finally, remember that many words look very similar in English and Spanish.

DON'T FORGET

Remember this is real-life Spanish taken from Spanish television, and so the language comprehension skills needed are much more advanced than what is expected of you at Higher. Tackle this activity as a combined reading/listening activity, as you did with 'Los Amigos de los Mayores'.

ONLINE TEST

Head to www.brightredbooks.net to test yourself on inequalities and food banks.

SOCIETY

LAS DESIGUALDADES SOCIALES Y LOS BANCOS DE ALIMENTOS 2

ACTIVIDAD 1: ESCUCHA, LEE: SOR LUCÍA CARAM 2

4 ¿1300 familias? Antes 'le pedía a Dios' y ahora 'le pido a todo Dios'*

Periodista: Hermana, ¿1300 familias,? ¿cómo lo mantienen?, ¿de dónde sacan?, ¿quién les echa una mano?, ¿de dónde sacan los recursos para poder?; Porque vemos que está perfectamente organizado,
5 que tienen alimentos suficientes, ¿cómo pueden mantener esto?

Sor Lucía: Mira, tenemos muchos voluntarios, somos casi 250 voluntarios, y yo todo el día estoy pidiendo, y lo que digo, *antes 'le pedía a Dios' y ahora 'le*
10 *pido a todo Dios'*,* pues estoy pidiendo a muchos particulares, empresas y yo pido *por activa y por pasiva** a todo el mundo que nos quiera ayudar, pues que nos ayuden, porque solos no podemos. Nos dan ayuda muchos supermercados, grandes y pequeños, la
15 gente cuando va a hacer la compra deja allá. Tenemos también una página web donde explicamos cada uno de los proyectos y damos también el número de cuenta (del banco) si la gente puede ayudar, y con esto vamos dando solución a lo que … <u>Bueno, todavía
20 no nos han faltado nunca alimentos, a veces estamos un poco al límite; pero nosotros no vivimos de subvenciones, si no que vivimos intentando despertar conciencias, y sobre todo, arremangándonos,* para trabajar, y para, y bueno, para intentar cambiar un
25 poco el mundo este que tenemos</u>. El informe de Caritas explicaba que no ha habido un estallido social gracias a la realidad familiar que todavía es un apoyo para la gente, y a la solidaridad de los vecinos y de las diferentes entidades. Yo creo que somos muchos los
30 que nos sentimos que tenemos que ser parte de la solución de este problema que tenemos, y por eso nos estamos movilizando, nos estamos creando redes para denunciar lo que pasa, pero al mismo tiempo para parar el golpe. No podemos esperar que vengan
35 tiempos mejores para dar de comer a la gente, porque la gente tiene el vicio de comer cada día. A pesar de que sean pobres, tienen derecho a comer cada día, con lo cual no estamos haciendo más que una tarea que posiblemente tendría que hacerla el estado, ¿no?
40 Posiblemente cada uno tendría que tener el derecho y poder ejercerlo de trabajar, y ganarse su pan, pero este sistema los ha expulsado, lo está impidiendo y es lo que estamos escuchando cada día. La mayoría de la gente que viene aquí quiere trabajar, están
45 desesperados por trabajar. Lo que necesitan es que les escuchemos y que intentemos dar voces, para hacer que la voz que ellos tienen y que no se escucha en nuestra sociedad, pues se escuche e intentemos no volvernos a subir a este tren de alta velocidad que nos
50 condujo hacia el abismo, si no intentar construir una sociedad donde todo el mundo pueda trabajar y tener derecho a la vivienda, a la educación y a la salud, que son precisamente los frentes donde se está recortando en derechos de la ciudadanía, en esta maldita crisis
55 que estamos viviendo.

Glossary

por activa y por pasiva = actively and passively (= in all sort of ways)

arremangándonos = we roll up our sleeves (= we get to work)

 VIDEO LINK

Watch the clips for this activity at www.brightredbooks.net

1. How does Sor Lucía get help for the food bank? Give details.
2. Translate the underlined section into English.
3. What did the report by the charity Caritas highlight? Explain.
4. Why can't society wait for better times to come? Can you see Sor Lucía's use of irony? Explain.
5. What rights should people have? What do they need? Give details.

contd

28

Society: Las desigualdades sociales y los bancos de alimentos 2

5. Hay padres que son tan osados que quieren que sus hijos coman cada día, incluso hasta 3 comidas al día

Periodista: <u>Fíjese, Sor Lucía, que hay padres que son tan osados que quieren que sus hijos coman cada día, incluso hasta 3 comidas al día, pero, yo se lo pregunto porque, cuando hemos hablado con algunos</u>
5 <u>responsables de bancos de alimentos, de ONG*, con organizaciones, que están ahí dando la cara con gente que lo necesita, ha habido un salto cualitativo, dicen que antes venían muchos inmigrantes, y ahora viene gente de aquí, gente de aquí que se ha quedado sin trabajo,</u>
10 <u>que no son inmigrantes, ¿usted ha notado eso también?</u>

Sor Lucía: Sí, nosotros, comenzamos a final del 2008 con 7 personas, la mayoría inmigrantes. En abril del 2009 teníamos 250 familias, 90% inmigrantes. Hoy, las familias que tenemos, tenemos un 60% de gente
15 del país. Tenemos a mucha gente de clase media. Tenemos muchos empresarios, tenemos muchos profesionales que se han quedado sin nada, mucha gente que está absolutamente hipotecada, y que no puede salir de la situación en las que están. Tenemos
20 además gente que, nunca se hubiera esperado tener que venir a un recurso como este, y que realmente sienten una vergüenza tremenda al tener que cruzar la puerta de un banco de alimentos; con lo cual, nosotros cuando atendemos a la gente intentamos decirles,
25 *'pues mira, esto te pasa a ti, pero me podría pasar a mí'*. La franja de la pobreza y de la miseria en este momento, con la situación en la que estábamos de bienestar, donde todo el mundo tenía muchos recursos, y un poder adquisitivo más bien estable,
30 pues ha sido muy pequeña y de la noche a la mañana, mucha gente lo ha perdido todo, y se ven privados de lo más esencial. Con lo cual intentamos que la gente no se sienta culpable de lo que están viviendo, porque además el sistema los culpabiliza, ¿no? ¿Qué
35 es lo más fácil decir? *'La gente ha gastado más de lo que podía, la gente ha vivido por encima de sus posibilidades'*. Bueno, mire, estábamos en un sistema perverso, en el que se engañaba a la gente, y que nos daban muchísimas facilidades (los bancos para
40 dar hipotecas). De repente, además de haber sido estafados, los hacemos cargar con la culpabilidad. ¿Que posiblemente todos hemos sido irresponsables?, pero no para pagar el precio que se está pagando en este momento. Cuando me preguntan, *¿qué ayudáis más*
45 *a gente del país o a gente de fuera?* Yo respondo, *'nosotros ayudamos a personas'*. Pero dentro de estas personas nos damos cuenta de que la crisis, y la pobreza y la miseria no perdona y no mira de dónde somos. Esta realmente expulsando y ha expulsado a
50 patadas a gente que hace un año tenía otro nivel de vida, y que se encuentran ahora que están realmente en la calle o a punto de caer en la calle.

Glossary

ONG (Organización no gubernamental) = NGO (Non-governmental organisation)

1 Translate the journalist's introduction into English. Can you see how he is being ironic?
2 Who uses food banks nowadays?
3 Why are some people ashamed of using food banks?
4 What do the volunteers tell those who are ashamed of using food banks? Give details.
5 What do they try to do in the charity?
6 What do some people find easier to say? Explain.
7 What is Sor Lucía's opinion of the banking system?
8 What does she reply when asked if she helps more immigrants or people from Spain?
9 What is her last thought about poverty and misery?

DON'T FORGET

When tackling reading questions, make sure you read the question in English carefully, and look for the key words that will help you find the Spanish answer. For example, at question 2, 'Who uses food banks nowadays?', the key word here to find in the text is nowadays (*hoy*).

THINGS TO DO AND THINK ABOUT

Food banks and poverty in the so-called 'economically developed world' is a very difficult ethical issue. You could examine this topic in more detail if you decided to continue into Advanced Higher Spanish. Even though you won't be expected to do any assessments on this topic at Higher level, it might be interesting to take some of Sor Lucía's sentences and use them to talk or write about what you think. In groups or with a partner, have a look at the sentences below and decide whether Sor Lucía would agree with them or not:

La gente es floja y no quiere trabajar.
Es más fácil quedarse en casa y vivir de la ayuda social que salir a buscar un trabajo.
Cada uno tiene lo que se merece.
El sistema no apoya a la gente humilde.
En el capitalismo se vive mejor.
Los más ricos intentan esconder las fortunas en Panamá para no pagar impuestos.

Es muy normal que haya mucha diferencia de salarios entre los que tienen más y los que tienen menos.
El que es pobre, lo es porque ha elegido ser pobre.
Finally, try to make up some sentences of your own.
Yo creo que en Escocia/España hay familias pobres porque ...

ONLINE TEST

Head to www.brightredbooks.net to test yourself on inequalities and food banks.

SOCIETY

LA CORRUPCIÓN

ONLINE

Read Texts A–D in full online at www.brightredbooks.net

ACTIVIDAD 1: LEE: CORRUPTION CASES IN SPAIN

Have a look at these four newspaper extracts exposing corruption cases in Spain, then try to match them up with the texts below. Write a couple of sentences in English to summarise the content of each one.

a El despilfarro y el lujo con las tarjetas opacas de Caja Madrid, al detalle

b España vive un juicio histórico a la hermana del Rey

c La Audiencia Nacional imputa a Jordi Pujol y a Marta Ferrusola por blanqueo de capitales

d Las conexiones 'eléctricas' de los políticos

1 Los ex-presidentes del Gobierno de España, el socialista Felipe González, presidente del Gobierno desde 1982 hasta 1996, y el conservador José María Aznar, que ocupó la presidencia desde 1996 hasta 2004, han asesorado a empresas del sector energético como Gas Natural y a la eléctrica Endesa. En 2010 Felipe González
5 ganó 11.500 euros en sus dos primeras semanas como asesor. Los ex-presidentes fueron los responsables de privatizar estas empresas públicas, y ahora se sientan en sus consejos de administración, aunque su formación no tenga nada que ver con la energía. En realidad Felipe González y José María Aznar estudiaron derecho. Mientras tanto, los recibos de la electricidad y el gas en España han subido un 60 %
10 en los últimos cuatro años, y España es el cuarto país de la Unión Europea donde la electricidad es más cara.

2 España vivió el lunes el inicio de uno de los juicios más esperados de su historia reciente. Por primera vez un miembro de la Familia Real, la infanta Cristina de Borbón, hija del anterior rey, Juan Carlos I, y hermana del actual monarca, Felipe VI, se sentaba en el banquillo de los acusados. Doña Cristina, sexta en la línea de
5 sucesión a la corona de España, está procesada como cooperadora necesaria en dos delitos contra la *Hacienda Pública** que se atribuyen a su esposo, Iñaki Urdangarín, ex-balonmanista olímpico. La pareja, en el pasado considerada de ensueño por su modernidad y frescura – ella, hija de reyes pero empleada en una entidad financiera, él, deportista de alto nivel – es hoy sinónimo de vergüenza.

contd

Society: La corrupción

3 La dirección y los consejeros del banco Caja Madrid, en España, unas sesenta personas, tenían a su disposición tarjetas de crédito para gastar todo el dinero que quisieran, sin tener que dar explicaciones a nadie o devolverlo a final de mes. Estos señores se gastaron, o mejor dicho, robaron, unos quince millones de euros. A estas
5 tarjetas se las conoce como 'black' u opacas, porque se utilizaban sin control y sin tener que rendir cuentas de los gastos. En 2012 Caja Madrid que se había fusionado con otras entidades bancarias menores y había pasado a llamarse Bankia, entró en quiebra y tuvo que ser nacionalizada por el Gobierno. Esto quiere decir que todos los españoles han tenido que pagar esos 15 millones de euros que los consejeros se
10 gastaron en compras, viajes o comilonas.

4 El que fuera presidente de la Comunidad Autónoma de Cataluña desde 1980 hasta 2003, y uno de los pilares del nacionalismo catalán, Jordi Pujol i Soley, está acusado, junto con su esposa y seis de sus siete hijos, de *blanqueo de capitales** y de recibir comisiones ilegales por *adjudicar** contratos en Cataluña. La familia Pujol
5 tenía mucho dinero sin declarar en Andorra. Por ejemplo su hijo mayor, Jordi Pujol Ferrusola, posee más de 30 millones de euros en paraísos fiscales.

Glossary
Hacienda Pública = Treasury
blanqueo de capitales = money laundering
adjudicar = to award (contracts)

  MULTIMEDIA: COMO PASAR UN DÍA A BASE DE TARJETAS 'BLACK'

Head to www.brightredbooks.net for a full multimedia activity on this topic.

Watch the video and read the transcript at the same time to learn about how people with 'black' credit cards actually used them. Write in English how much they spent and how they spent it.

 THINGS TO DO AND THINK ABOUT

Discuss the topic with your classmates and decide on the four most important reasons why people become corrupt.

 VIDEO LINK

Find the full multimedia activity at www.brightredbooks.net

 DON'T FORGET

The language in this activity is from an original source, so the level is more difficult than what you need to pass your Higher, which is why you are tackling this activity as a combined reading/listening activity.

 ONLINE TEST

Head to www.brightredbooks.net to test yourself on the topic of corruption.

LEARNING

LOS DEBERES DEL INSTITUTO Y LAS PRESIONES DE LOS ESTUDIANTES

In this chapter we will look at the context of Learning and will cover topics including school work and pressures on students, the importance of learning languages and school exchanges. You will also watch a video about Shakira's charity, which provides schooling for deprived children in Latin America.

ONLINE

Head to www.brightredbooks.net for a reading task about education.

SCHOOL WORK

 ACTIVIDAD  LEE, ESCUCHA: USEFUL SCHOOL PHRASES

Listen to Federico and Rosario talking about school. The transcript of the conversation below is jumbled up, so as a first task you should note the correct order of each segment. This will get you thinking about the topic.

a Mis padres quieren que en el futuro sea médico, así que estudio biología, física, química y matemáticas. La verdad es que las ciencias no se me dan tan bien como mis padres quisieran. Me pagan un profesor particular que viene a casa y todo, pero creo que tienen expectativas muy altas para mí, y esto me agobia.	**j** Sí, claro hombre, los idiomas son muy importantes. Estudio inglés y francés. Tengo amigos por correspondencia en Francia y en Escocia y nos escribimos correos electrónicos o hablamos por Skype. Me gusta mucho escuchar música en inglés y creo que los idiomas son importantes porque te abren la mente. No he viajado mucho todavía, pero en el futuro me gustaría tomarme un año sabático y viajar por el mundo.
b Bueno, tiempo al tiempo Rosario. Es normal tener un poco de miedo, pero puede ser muy excitante también.	**k** ¿Y qué asignaturas se te dan bien?
c ¿Y qué dicen tus profesores?	**l** Hola, Federico, ¿Qué tal todo? Pues a mí me va bien, aunque estoy muy liada con los estudios, pensando en mi futuro y todas esas cosas.
d Pues este año estoy estudiando bachillerato y en mayo haré los exámenes de selectividad, así que tengo muchísimo trabajo y no paro de hacer deberes.	**m** Mis profesores son muy comprensivos conmigo y me ayudan mucho. Además en clase hacemos muchos experimentos, trabajamos en grupo y esto me da confianza en mí misma. El instituto es muy moderno, y a mí me gusta mucho trabajar con la ayuda de la tecnología digital. Por ejemplo hago mucho trabajo con Scholar y así puedo aprender de una manera más independiente, a mi propio ritmo.
e Ah, ¿os mandan muchos deberes?	**n** Hola Rosario, cuánto tiempo sin verte, ¿Cómo te va la vida?
f Es emocionante pero me da miedo. No sé lo que me gustaría hacer en el futuro. No sé si ir a la universidad, si hacer alguna formación más práctica y buscarme un trabajo, si irme de niñera algún tiempo al extranjero para perfeccionar mi nivel de inglés.	**o** ¿Es emocionante hablar del futuro?
g ¿Qué asignaturas encuentras particularmente difíciles?	**p** ¿Y los idiomas? ¿Sigues estudiando algún idioma?
h Claro Rosario, ¿en qué curso estás?	**q** En mi opinión creo que nos mandan demasiados deberes. Todas las tardes me paso tres horas haciendo deberes, es un rollo. No me da tiempo de relajarme, salir con mis amigos, o ver la tele. Algunos profesores nos mandan deberes muy difíciles y es muy frustrante porque no los entiendo. Otros profesores se enfadan mucho cuando no hacemos los deberes.
i Me encanta la educación física porque soy una chica muy activa y me encanta el deporte, también me gusta la filosofía porque ya sabes que en España es obligatoria para todos los alumnos. Me encantan las asignaturas donde nos hagan pensar y reflexionar. Creo que es mi favorita.	**r** Ya Federico, gracias, tienes razón, un beso, hasta otra.

32

Learning: Los deberes del instituto y las presiones de los estudiantes

ACTIVIDAD LEE: LOS DEBERES

Read the following passage in which an academic talks about homework. Then answer the questions that follow in English.

El creador del proyecto 'La Ciudad de los Niños', Francesco Tonucci, afirma: 'Los deberes son una equivocación pedagógica y un abuso'

¿Por qué es el juego tan importante?

5 Por dos razones. Una, porque si un niño no juega no crece, no se desarrolla, no aprende. Una ciudad democrática debe preocuparse por el bienestar de todos, pero en especial por el bienestar de los niños. En segundo lugar, el juego es tan importante
10 porque los niños, desarrollan capacidades muy importantes tales como la imaginación y la empatía. Los niños son ciudadanos, pero no disponen de los instrumentos de que sí disponen la mayoría de los ciudadanos adultos, y por tanto dependen de
15 nosotros. Cuando a Freud le preguntaron cuál fue el año más importante de su vida, él respondió: 'Sin duda, el primero'. Así es también para nosotros. La principal actividad con la que creamos las bases sobre las que luego construiremos nuestra vida es
20 el juego. No es casualidad que la Convención de los Derechos de los Niños dedique a la escuela y al juego dos de sus artículos, el 28 y el 31.

Pero a veces, ¿hay que hacer los deberes?

La escuela debería estar muy interesada en que
25 los niños jueguen. Las experiencias pueden y deben ser comunicadas en el colegio. Por eso yo tengo una pelea desde hace muchos años contra los deberes de casa. La escuela debería pedir a los niños: 'Por favor, debéis jugar para poder
30 traer mañana experiencias'. En esto hay que comprometer también a las familias para que ayuden a sus hijos a jugar. Los maestros con los deberes, y los padres con miles de actividades extraescolares, a menudo, crean para los niños
35 agendas más apretadas que las de los mayores.

Parece clara su opinión acerca de los deberes escolares …

Los deberes son una equivocación pedagógica y un abuso. Nunca consiguen el resultado que la
40 escuela presume. Deberían ser una ayuda para los más socialmente desfavorecidos, pero estos no son tan capaces de hacer los deberes en casa, y además en casa a menudo sus padres no pueden ayudarlos o pagarles un tutor particular para
45 que los ayuden. Así, quienes más aprovechan los deberes son los que menos los necesitan: aquellos que tienen familias que los pueden ayudar. En España, los escolares pueden pasar cuatro horas al día haciendo deberes. Muchos niños sufren
50 ansiedad, estrés y depresión a causa de los deberes. Muchos padres se mandan mensajes en grupos de WhatsApp para preguntarse dudas sobre los deberes, porque muchas veces son los padres los que hacen los deberes de sus hijos. <u>La Convención
55 de los Derechos de los Niños habla del derecho a la escuela y al juego. ¡Deberían ser reconocidos como dos con el mismo peso! Si la escuela ocupa la mitad del día, la otra mitad no debería ser de la escuela también, sino de los niños.</u>

1 Why is playing so important for children? — 4
2 What question was Freud asked? What was his answer? — 2
3 What should young people do at home instead of homework? What for? — 2
4 What does the text say about the children's families? — 1
5 What does it say about the children's timetables? — 1
6 The third paragraph opens with a strong statement about homework. What claim is made? — 2
7 What is said about the most socially deprived people with regard to homework? — 3
8 What is the situation of many children in Spain regarding homework? — 2
9 Translate the underlined sentences. — 10

ONLINE TEST

Head to www.brightredbooks.net to test yourself on this topic.

ONLINE

Go to the Digital Zone to do a combined listening/reading activity on the importance of playing and sport.

THINGS TO DO AND THINK ABOUT

Try to recycle as much as possible from Rosario and Federico's conversation to write a piece about yourself. You could use the school phrases you remember from National 5 too.

Use Federico's questions as a framework to start your own conversation on the subject of school.

33

LEARNING

DECISIONES, DECISIONES

ONLINE

Head to www.brightredbooks.net for an activity on education.

Rocío Bazán

VIDEO LINK

Go online and watch singer Rocío Bazán at www.brightredbooks.net

ONLINE

To find out more about 'El Sistema', visit www.brightredbooks.net

ACTIVIDAD 1 HABLA: HOMEWORK

Organise a debate with your classmates. The text you read in the previous section about homework shows one side of the coin; below you have a series of arguments in favour of homework. One team should select arguments from the reading passage on p. 33, and the other team should take the arguments from the table below:

Los deberes …

ayudan a mejorar los resultados escolares de los alumnos en los exámenes	son interesantes y divertidos de hacer en casa
ayudan a repasar lo que se ha aprendido en clase	te ayudan para crecer intelectualmente y te ayudan a recordar y retener lo aprendido en clase
sirven de refuerzo para aprender más, y hay más tiempo para reflexionar en casa que en clase	ayudan a los alumnos a desarrollar el sentido de la responsabilidad

Student A: En mi opinión, los deberes son una equivocación pedagógica y un abuso.

Student B: A ver, no estoy nada de acuerdo. Yo creo que los deberes ayudan a mejorar los resultados escolares.

ACTIVIDAD 2 ESCUCHA: ROCÍO BAZÁN

Flamenco singer Rocío Bazán talks about her singing career and how she learned flamenco. Listen to the track at www.brightredbooks.net. Write as much information in English as you can under the following headings:

1. Her beginnings
2. Her recent flamenco tour and the countries she visited
3. Her views about teaching music at school
4. Her views on 'El Sistema'
5. Her views on traditions

APRENDER IDIOMAS

ACTIVIDAD 3 ESCUCHA, LEE, ESCRIBE, HABLA: LEARNING LANGUAGES

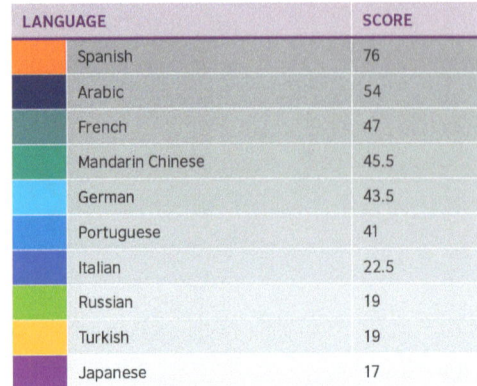

Source: The British Council

Listen to the track to hear 10 opinions about learning languages. In your workbook, tick or cross whether each person is for or against learning languages. Next, read the transcript on page 35 and decide whether or not **you** agree with them. Then develop these into a full conversation with a classmate.

Remember to use the usual expressions when stating your opinion: *Yo creo que …, Yo pienso que …, En mi opinión …*, and in reply *Estoy de acuerdo contigo* or *No estoy de acuerdo contigo porque yo pienso que …*

contd

Learning: Decisiones, decisiones

Opinions about learning languages. Do you agree with them or not? (✓ or ✗)
1 Aprender idiomas es un ejemplo de humildad cultural. Es una manera de aprender a tener empatía, cuando las personas intentan ver el mundo a través de los ojos de otras personas.
2 Aprender idiomas no sirve de nada. Todo el mundo habla inglés, a mi modo de ver es una pérdida grandísima de tiempo. Los que dicen que ayuda a buscar trabajo dicen tonterías, todo el mundo habla inglés.
3 Aprender idiomas es muy divertido: es muy práctico, me encanta aprender sobre la cultura, la música, la comida, la moda, las costumbres, los monumentos, los famosos, el cine, el teatro y el deporte de otros países.
4 Aprender idiomas es muy difícil. Se me dan muy mal. Nadie debería estudiar idiomas, cuando vaya de año sabático viajaré solo por países donde se hable inglés.
5 Vivimos en un mundo multicultural. El 94% de la población mundial no habla inglés como primera lengua. El 75% de la población mundial no habla nada de inglés.
6 No hay que tener una buena pronunciación, o hablar con fluidez, o comprenderlo todo en el idioma que se estudia. Sin embargo, hablar un poquito otro idioma puede ayudarte a encontrar un trabajo.
7 Mi música favorita está en inglés, lo mismo con el cine, la música en inglés es de mejor calidad.
8 Los idiomas mejoran tu calidad de vida, porque te abren la mente y te muestran que hay muchas maneras de hacer las cosas.
9 Es importante aprender lenguas romances como el español, francés, portugués, catalán o italiano porque en inglés hay unas cuatro mil palabras que proceden del latín, ya que los normandos invadieron Inglaterra en el año 1066.
10 En la Unión Europea, es importante hablar otros idiomas para viajar o para trabajar en otros países.

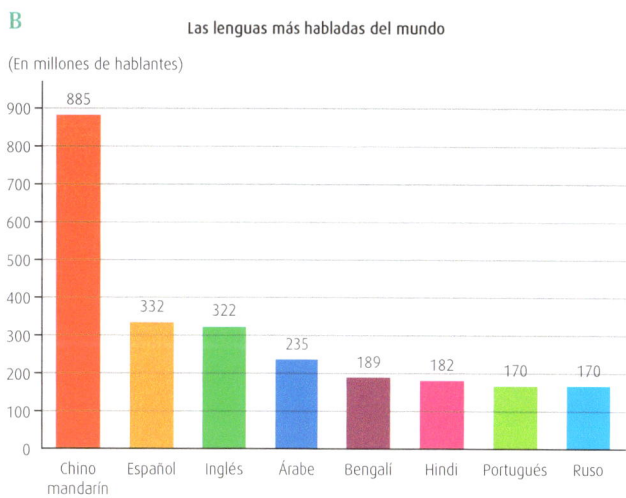

 THINGS TO DO AND THINK ABOUT

In the sentences above you saw how to give your opinions in the affirmative: *yo pienso que los idiomas* mejoran *tu calidad de vida porque te abren la mente*. However, Spanish gets a little bit more difficult if you want to disagree with someone else's opinion or give a negative opinion: *yo no pienso que los idiomas* mejoren *tu calidad de vida*. In the second sentence, the subjunctive form of the verb is needed. Some of the most common ways to express disagreement are:

No creo que tenga … (instead of *Creo que no tengo …*), or the affirmative *Creo que tengo*.

No creo que sea … (instead of *Creo que no es …*).

To learn more about this, visit the Grammar section on p. 102.

 ONLINE TEST

Test yourself on this topic at www.brightredbooks.net

 ONLINE

Go to www.brightredbooks.net to do a combined listening/reading activity on homework.

LEARNING
ACTITUD MENTAL Y APRENDIZAJE

 ACTIVIDAD 1: TRADUCE: CAROL DWECK

Translate the following text about Carol Dweck into English.

Carol Dweck es una psicóloga norteamericana. Estudia el campo de la motivación y el porqué del éxito. Dweck habla de cómo podemos aumentar la capacidad de nuestro cerebro para aprender y resolver problemas. Según Dweck, ante un problema difícil, podemos pensar que no tenemos la suficiente inteligencia para resolverlo, o por el contrario, todavía no lo hemos resuelto, pero llegaremos a resolverlo.

ACTIVIDAD 2: LEE EN GRUPO: GROWTH MINDSET OR FIXED MINDSET

In a group, read the following sentences and decide which ones illustrate the growth mindset (*mentalidad abierta*) developed by Carol Dweck and which illustrate the fixed mindset (*mentalidad cerrada*).

Mentalidad abierta	Mentalidad cerrada
1 El fracaso me indica que tengo que readaptar mis técnicas de estudio.	**8** Cuando algo sale mal, intento echarles la culpa a los demás. No intento las cosas al 100%, así si algo sale mal tengo una excusa, para proteger mi ego.
2 La inteligencia no es una cualidad fija, y los factores tales como el esfuerzo, la aplicación y las destrezas de estudio determinarán nuestro nivel de éxito.	**9** Intento copiar las respuestas de mis compañeros o adivino las respuestas para no parecer tonto.
3 La prioridad es mejorar. Tener retos en mi aprendizaje hace crecer mis habilidades.	**10** Intento probar cosas nuevas: son oportunidades para aprender. Equivocarse es bueno.
4 La habilidad natural o el talento deciden nuestro nivel de éxito, incluso si tenemos éxito con poco esfuerzo.	**11** Cuando encuentro un reto en mi vida, me siento inferior o incapaz porque creo que no lo voy a conseguir.
5 Hay que evitar los retos a toda costa. Las dificultades demuestran que no soy tan inteligente como yo o los demás pensaban. El fracaso quiere decir que soy estúpido.	**12** Estas personas piensan que tienen o no tienen una habilidad innata para aprender ciertas cosas. Por ejemplo, dicen frases como: yo siempre seré bueno en mates pero un desastre en arte.
6 Para tener éxito, es importante esforzarse poco, y esto demuestra que tengo mucho talento. El fracaso me hace pensar que tengo poca habilidad.	**13** Estas personas creen que la inteligencia y la habilidad pueden desarrollarse y crecer.
7 Nadie tiene la culpa de que las cosas salgan mal, solo quiero intentarlo otra vez y mejorar la próxima vez. De los fallos se aprende.	**14** Tomando riesgos y cambiando de técnica uno puede aprender cualquier cosa, al mismo tiempo que mejoramos nuestras habilidades.

ONLINE

Go to www.brightredbooks.net to tackle a combined reading/listening activity on study techniques.

Learning: Actitud mental y aprendizaje

ACTIVIDAD — ESCRIBE, HABLA: WHAT KIND OF LEARNER ARE YOU?

Now use the above statements to make sentences about yourself. What kind of learner are you?

Yo pienso que (hay que evitar los retos ...)

Yo creo que (intento probar cosas nuevas)

En mi opinión, (tomando riesgos y ...)

Yo diría que (de los fallos se aprende)

A mi no me gustaría ser como las personas que (piensan que la habilidad es natural ...)

Yo creo que soy como las personas que (dicen frases como yo siempre ...)

ACTIVIDAD — LEE, ESCUCHA: MACHUCA

Read/listen to the following text and answer the questions below.

Durante el Gobierno Socialista de Salvador Allende en Chile en los años 70, una ley educativa obligaba a los colegios privados a dar clase a estudiantes de barrios muy pobres. En la película *Machuca* se ve
5 como el chico Pedro Machuca, que vive en un barrio muy pobre, se hace amigo de Gonzalo, un chico proveniente de una familia acomodada, de clase social media. En esta historia los dos chicos aprenden un montón sobre cómo es la vida del otro grupo social.
10 Gonzalo se queda sorprendido cuando ve que Machuca hace sus necesidades en un cubo y Machuca se queda con la boca abierta cuando ve el armario de Gonzalo con tanta ropa y con más de un par de zapatos. Los dos chicos ven como sus padres se oponen a su
15 amistad: la mamá de Gonzalo protesta en la escuela ante esta iniciativa educativa y dice que no quiere que su hijo se relacione con gente de otra esfera social.

Ella dice: '¿Qué sentido tiene mezclar las peras con las manzanas?' Por otro lado, el papá de Machuca
20 le dice a su hijo: '¿Para qué eres amigo de Gonzalo? Su abuelo tenía dinero, su papá es director de una empresa y él también será alguien muy importante y con dinero. En cambio, yo limpio wáteres, y tu también estás destinado a limpiar wáteres'. El Doctor
25 en Ciencias Sociales Juan Gil opina: 'La película muestra la situación de precariedad de la gente pobre y lo difícil que es ascender socialmente para la mayoría de las personas. Del mismo modo, vemos como cuando se viene de una familia pobre, es cien
30 veces más difícil tener una mentalidad abierta. Para protegerse del fracaso, muchas personas prefieren estar felices con lo que tienen, aunque parezcan tener una mentalidad cerrada'.

1 What was the educational policy in Chile in the 70s?   **1**

2 Machuca and Gonzalo learned a lot from each other. What did Gonzalo find surprising?   **2**

3 What was Machuca amazed by?   **2**

4 What was Gonzalo's mum protesting about? Give any two details.   **2**

5 What did Machuca's dad tell Machuca? Give any three details.   **3**

6 According to Juan Gil, what does the movie show? Give any four details.   **4**

THINGS TO DO AND THINK ABOUT

Remember to read the English questions carefully for clues as to where you will find the answer in the text:

What was the <u>educational policy</u> in Chile <u>in the 70s</u>?

(...) Allende en Chile <u>en los años 70</u>, una <u>ley educativa</u> obligaba a los colegios privados a dar clase a estudiantes de barrios muy pobres.

ONLINE

Go to www.brightredbooks.net to find out more about Machuca.

ONLINE TEST

Test yourself on this topic at www.brightredbooks.net

LEARNING

INTERCAMBIOS Y AÑOS SABÁTICOS

ACTIVIDAD 1 ESCUCHA: SCHOOL EXCHANGES AND GAP YEARS

Three young people are talking about their school exchanges or their plan to take a gap year.

Listen to the audio, reading the transcript at the same time if you need to. Answer the questions below in English, providing as much information as you can.

Jeanne

PRESENTATION

1. Where is Jeanne from?
2. Where did she want to do her gap year and why?
3. What did she have to adapt to during her first few weeks in Scotland?
4. What does she say about the Scottish accent?
5. What does she say about school?
6. What does she say about her host family?
7. Why is she so happy this year?

DISCUSSION

8. What does Jeanne say about her housemate (her 'sister')?
9. What does she say about London?
10. Where has she travelled?
11. What's her favourite country and why?
12. Does she have Spanish friends?
13. What does she say about languages?
14. What is her ideal job for the future? Why?

Giacomo

PRESENTATION

1. Give details of Giacomo's exchange and his reasons for coming to Scotland.
2. Give details of his family back in Italy (age, jobs and so on).
3. Give details of his future plans with regard to his career, studies, language learning and travelling.

DISCUSSION

4. What remarks does Giacomo make about the economic crisis/cuts?
5. Why is he enjoying living in Scotland?
6. Why does he speak Spanish with his flatmate in Scotland?
7. Give details of the differences between Scotland and Italy.
8. What are Giacomo's plans for after he has gone back to Italy?
9. How does he keep in touch with his friends from Italy?

DON'T FORGET

These are actually real talking performances from before the 2019 Higher Spanish exam changes, and they were awarded full marks. Your talking exam will only consist of a longer dialogue (ten minutes) and there will be no monologue. However, this will give you an indication of possible topics for your conversation as well as listening comprehension practice. Remember to listen to the audio a few times first and then read the transcript at the same time if you still can't understand everything. Even if you need the transcript to find your answers, that is still better than going straight to the Answers section at the back of the book.

contd

Learning: Intercambios y años sabáticos

Cole

PRESENTATION

1. Why is studying Spanish so important for Cole?
2. What does he find difficult?
3. Give details about his volunteering.

DISCUSSION

4. Give Cole's two reasons for taking a gap year.
5. What does he say about Che Guevara?
6. Give his two reasons for wanting to go to Colombia.
7. What is he doing after his exams? Give details.
8. With whom would he like to live in the future? Give reasons.
9. What are the advantages and disadvantages of living alone or staying at home? Give details.
10. Give details about his healthy lifestyle.

DON'T FORGET

Once you have tackled the activity as a listening task under exam conditions, take out a pen/pencil of another colour and listen to the track again while reading the transcript. Jot down the new answers you work out in the new colour. This will help you to indentify how well you would have performed under exam conditions and the act of reading the transcript will also help you to improve your Spanish.

THINGS TO DO AND THINK ABOUT

Translate the following sentences, say if you agree or disagree with each one, and then use them to write your own piece about taking part in a language exchange or taking a gap year.

1. Estudiar en el extranjero es positivo porque se conoce mundo viajando y de esta manera se puede aprender muchísimo. También puedes conocer a gente nueva y hacerte amigos. Prenso que esta es la mejor manera de aprender otro idioma o mejorar tu nivel de español, porque es mucho más divertido que estudiar en clase en Escocia.

2. Para estudiar en el extranjero hay que tener mucho dinero porque los cursos de idiomas son caros. Del mismo modo, pagar el alojamiento en una residencia o con una familia también cuesta mucho dinero. Tomarse un año viajando por el mundo es prohibitivo si no se tiene mucho dinero.

3. Para estudiar en el extranjero no hay que tener necesariamente mucho dinero: hay otras maneras de viajar y estudiar sin que cueste un ojo de la cara. Por ejemplo, se puede estudiar un curso TEFL y trabajar dando clases de inglés en otros países.

4. Yo recomendaría vivir algún tiempo en el extranjero porque es una experiencia súper positiva porque te ayuda a ver las cosas desde otra perspectiva. La gente que ha viajado, o que ha vivido o estudiado en el extranjero suele tener más empatía.

5. La mejor manera de tomarse un año sabático es irse como voluntario con alguna organización, ayudando a otras personas que tengan alguna necesidad. A mí me gustaría irme para dar clases de inglés en otros países o trabajar con sectores de la población más desfavorecidos, como con niños que viven en la calle.

6. Finalmente, es una experiencia que te puede cambiar la vida y ayudarte en el futuro porque hacer un intercambio de idiomas es muy enriquecedor. Es muy divertido hacer amigos nuevos, conocer la manera de pensar de otras personas y aprender a hablar otro idioma mientras se estudia o se trabaja. Esto te puede ayudar a mejorar tu nivel de español, y así puede resultarte más fácil hasta encontrar un empleo en Escocia.

7. Vivir algún tiempo en España puede ser muy divertido. A mí me encantó la manera de vivir que tienen muchos españoles. Para empezar, como suele hacer buen tiempo, se pasa mucho tiempo en la calle. Me gustaba salir después de las clases a tomar tapas con mis amigos de la escuela de idiomas. Me gustaba que la gente, por norma general, solía estar más feliz y relajada que en Escocia.

ONLINE

Watch a video of a young person who speaks nine languages by following the link at www.brightredbooks.net

DON'T FORGET

When translating, pay special attention to the Spanish use of the passive voice: *se puede aprender muchísimo*; *si no se tiene mucho dinero*. One way to translate these sentences is with 'one' or 'you': 'one can learn a lot'; 'if one doesn't have a lot of money', or 'you can learn a lot'; 'if you don't have enough money'.

ONLINE TEST

Head to www.brightredbooks.net to test yourself on this topic.

LEARNING

PIES DESCALZOS: HAGAMOS QUE SALGA EL SOL 1

VIDEO LINK

Check out the clip at www.brightredbooks.net

ACTIVIDAD 1: ESCUCHA, LEE: BAREFOOT FOUNDATION

Read the text below and then watch the (subtitled) video about Shakira's Barefoot Foundation (Pies Descalzos), which helps to educate poor and destitute children in Latin America. Next, read the text again and answer the questions that follow in English, providing as much detail as possible.

a

The content of this documentary is based on fact, but with some changes so as not to cause any distress to the children involved.

0:54 (Voz de Shakira) A los ocho años, mi familia y yo tuvimos una experiencia que creo que me marcó para siempre. Fue precisamente el revés económico que tuvo mi padre en sus negocios. Con esa crisis que tuvo que enfrentar mi entorno familiar, aprendí muchísimas cosas. Recuerdo que mis padres me llevaron a un parque donde había muchos niños oliendo pegamento para poder lidiar con la tragedia de sus propias vidas, con la soledad y con la orfandad y la pobreza extrema en la que vivían. En ese momento recuerdo que me prometí a mi misma que, algún día, si lograba yo triunfar, reivindicar económicamente y socialmente a mi familia, a mis padres, y también hacer algo por esos niños, cuyos rostros jamás yo voy a olvidar.

1. Shakira starts the documentary by talking about her memories of when she was eight. What happened to her at that age?
2. What did she witness in a park?
3. What did she promise herself?

b

02:41 Los desplazados son personas atrapadas en un conflicto armado en su propio país y como una reacción natural ante las amenazas, huyen de las zonas de conflictos o persecuciones civiles, como lo hacen los refugiados.

02:57 Salimos corriendo. Les decíamos a los dueños de la mula que nos llevaran. Mi hermanito lloraba bastante. Cuando íbamos de camino, se terminó la leche.

04:15 (Voz de Shakira) <u>En América Latina hay 52 millones de niños que viven en la pobreza, y de ellos, 30 millones padecen de hambre. Y esto, pese a que la región latinoamericana produce tres veces los alimentos que necesita. Desafortunadamente, Latinoamérica es la región del mundo con más inequidad, donde la brecha entre ricos y pobres es aún más grande que en cualquier otra región. La única forma de cerrar esta brecha es a través de la educación.</u>

05:08 Cuando ya estábamos lejos, miré hacia atrás, vi que estaban quemando el pueblo. Me avisaron que mi papá estaba muerto. Lo mataron enfrente de casa.

05:33 Un alto porcentaje de niños ven afectada su educación, sanidad y alimentación a raíz de este conflicto.

contd

Learning: Pies descalzos: hagamos que salga el sol 1

1 How does the documentary define displaced people?
2 Translate the underlined section.

c

05:39 Mi nombre es Pedro. Tengo 10 años, vengo de un pueblo muy lejano, y soy un niño desplazado.

05:52 Hola, me llamo Cari, pero me llaman 'la Chinita'. Tengo 9 años. Vengan, les presentaré mi sueño.

08:22 (Cari) Este es uno de los uniformes que me regalaron. Lo cuido y lo mantengo limpio, como si me lo fueran a regalar otra vez. Cuando estoy en el colegio, trato de no ensuciarme. Estos zapatos también me los regalaron en el colegio. Los cuido. Siempre que llego a mi casa, los limpio y los sacudo, para así no gastármelos rápido.

1 What does Cari say about her school uniform and shoes?

d

09:05 (Voz de Shakira) Si hay algún niño con hambre o un niño que no está recibiendo una educación apropiada, hay un niño que no está siendo protegido de los daños que puede infligir el mundo sobre él. Ese niño, el día de mañana, no podrá tener un futuro digno. Creo que vivimos en una sociedad en la que lo que les sucede a unos pocos, tiene influencia sobre muchos. Hay que empezar a preocuparnos por lo esencial, y eso es precisamente darles oportunidades a nuestros niños. Y esa oportunidad es indudablemente la educación. Una educación acompañada de una nutrición adecuada. Creo que ese es el gran desafío del mundo en esta próxima década.

1 Shakira speaks about the major challenges of today's society. Why does she think children in the future will not have dignity?
2 What does Shakira think happens in our society nowadays?
3 What does she think we should start to be concerned about?

DON'T FORGET

Make sure you read the English questions carefully, as they will guide you towards the part of the text where the answers might be. Look for the clues. For example:
What did she promise herself?
Recuerdo que me prometí a mí misma.
Remember that this listening task is far more advanced of what is expected of you at Higher level, but it's always better to aim high, and you are, after all, listening to a real source!

ONLINE TEST

Test yourself on this topic at www.brightredbooks.net

THINGS TO DO AND THINK ABOUT

Watch Carlos Vives and Shakira's video on the BrightRED Digital Zone. See if you can work out the meaning of the song. Please note that, in the video, whilst they are cycling through Barranquilla, Carlos and Shakira visit the school funded with the Barefoot Project.

LEARNING

PIES DESCALZOS: HAGAMOS QUE SALGA EL SOL 2

VIDEO LINK

Check out the clip at www.brightredbooks.net

ACTIVIDAD 1 ESCUCHA, LEE: BAREFOOT FOUNDATION

Continue to watch the video and to read more about Shakira's Barefoot Foundation. Answer the questions that follow in English, providing as much detail as possible.

a 09:56 (Cari) Te pido por los niños a los que les pegan, y también tienen que trabajar.

b 10:02 (Pedro) A veces compro algo con lo que gano, por ahí haciendo mandados (recados), vendiendo cositas. Yo con eso puedo comer.

c 10:15 (Cari) Te pido también por los niños que no tengan colegio, que algún día puedan ir a estudiar. Te pido por Pepito para que mañana pueda comer.

d 10:34 (Pedro) A veces, cuando tengo hambre, me acerco a las esquinas de los restaurantes y me regalan las sobras que quedan de las personas. Me toca comerme eso.

e 10:47 (Cari) Y también para que pueda tener unos zapatos y no ande más descalzo. Y también para que un doctor le alivie la tos. Te pido por Pedrito, que es un desplazado, para que no duerma en la calle.

f 11:11 (Pedro) Donde me coge la noche, ahí me acuesto, ahí me quedo hasta el amanecer.

g 11:32 (Voz de Shakira) Una escuela en la mitad de un barrio donde hay conflicto y pobreza extrema, es un oasis. Y esa escuela, a partir de ahí, tiene una fuerza transformadora única. Y eso es lo que me ha hecho apasionarme tanto por este tema, porque he visto que cada esfuerzo invertido en la educación de un niño, se ve duplicado y triplicado en satisfacciones.

h 11:58 Yo me llamo Carito, nací en un pueblito. Tuvimos que irnos del pueblito porque llegaron unos hombres malos. Algunos se quedaron en la iglesia, pensando que nunca irían a llegar. Llegaron, destruyeron la iglesia y mataron a 200 personas. Mi mamá y yo decidimos irnos del pueblo, hacia aquí, donde vive mi abuela. Desde que llegué aquí, todo es muy diferente. Juego, me divierto con mis amigos y estudio.

i 12:30 (Voz de Shakira) Creo que la educación de esos millones de niños, que se encuentran fuera del sistema escolar en el mundo, no depende de una sola persona, de un presidente, de un ministro de educación, sino de una gran alianza entre el sector público y el privado, para impulsar la educación en todos los rincones del mundo. La educación creo que abre las mentes de estos niños, y la experiencia con voluntarios de otros lugares del mundo, tiene un gran impacto sobre ellos. Es como sembrar semillas en tierra fértil. Ese es el trabajo de educar.

El destino de nuestros niños está en nuestras manos

1. For whom is Cari praying?
2. How does Pedro get money?
3. What does Pedro do when he is feeling hungry?
4. According to Shakira, why are schools so important?
5. Describe Carito's story. How about did she become a displaced child?
6. What is Shakira's idea for solving education problems around the world?

contd

Learning: Pies descalzos: hagamos que salga el sol 2

j 17:22 (Carito) Mi sueño sería que todos los niños como yo pudieran tener una oportunidad en esta vida. Vengan que les muestro mi sueño.

k 17:52 Estos son mis zapatos y yo quisiera que, algún día, Pedro tuviera los mismos.

l 18:41 (Pedro) En este lote (terreno), van a construir la Fundación Pies Descalzos de Shakira, y yo, con todos mis compañeros, queremos entrar para aprender mucho. Este es mi sueño.

ll 18:51 (Voz de Shakira) Ningún niño sueña con ser violento, o ser un criminal, o ser un señor de las drogas. Creo que los niños tienen sueños más puros. Si le preguntas a un niño en cualquier lugar del mundo, qué quiere ser de adulto, siempre va a responder: un profesor, un abogado, un médico, una enfermera, un piloto. El hombre nace bueno y la sociedad lo corrompe.

m 19:16 (Pedro) No quiero ser alguien que no pueda leer.

n 19:18 (Varias voces de niños y niñas) (1) Yo quiero ser profesora para enseñar a todos los niños que no pueden ir al colegio. (2) No quiero irme de casa. (3) Y quiero ser presidenta para ayudar al país. (4) No quiero pasar hambre. (5) Quiero ser médico para ayudar a las personas que estén enfermas. (6) No quiero ir a la cárcel. (7) Yo quiero ser bailarina, porque me gusta bailar. (8) Yo quiero ser veterinario para ayudar a los otros animales. (9) No quiero que me maten. (10) Yo quiero ser odontóloga, para ayudar a los niños que tienen los dientes feos. (11) No quiero que me peguen más. (12) Yo quiero ser científica para ayudar al mundo. (13) No quiero dormir en la calle. (14) No quiero engancharme en la droga. (15) No quiero ir a la guerra.

ñ 19:54 (Cari) Este es mi sueño: ayudar a todos los niños desplazados como yo a que tengan una oportunidad.

o 20:03 (Shakira) <u>He aprendido muchísimas cosas, aún yo soy una estudiante de todo este tema de la educación. Y cada día aprendo un poco más sobre los beneficios que obtiene la sociedad y comunidades enteras con el poder transformador de la educación. Yo creo que la mayor satisfacción que alguien puede sentir en la vida, es la de ayudar a un niño a cumplir sus sueños y a florecer. Si la educación es un derecho para todos los niños, es por lo tanto una obligación para toda la sociedad.</u> Si existe una forma de cambiar el destino de un niño que ha nacido condenado a vivir una vida de pobreza es a través de la educación. El destino de nuestros niños está en nuestras manos y en lo que cada uno de nosotros, en la medida de nuestras posibilidades, estamos dispuestos a hacer.

p 21:04 En el mundo hay aproximadamente unos 26 millones de desplazados. Después de Sudán e Irak, Colombia es el país con más población desplazada del mundo con 3,5 millones de personas registradas. Actualmente, la Fundación Pies Descalzos beneficia directamente a 5.231 personas con sus escuelas y planes de educación. El proyecto Freixenet/Pies Descalzos comenzará edificando una escuela en Port-au Prince (Haití) y otra en Cartagena de Indias (Colombia).

1. According to Shakira, what do children want to be when they grow up? What does no child want to be when they grow up?
2. Make two lists: one with the things the children themselves say they would like to be or do in the future, and another one with the things they would not like to be or do.
3. Translate the underlined section.
4. What do you think is the overall purpose of this documentary? Justify your answers with examples from the text.

THINGS TO DO AND THINK ABOUT

Watch the trailer of *Voces inocentes* at www.brightredbooks.net and read the transcript on page 114 at the same time. This movie shows the civil war in El Salvador, and denounces child soldiers. Answer these questions:

1	What could the children in *Voces inocentes* do?	3
2	At what age did their childhood (*infancia*) end?	1
3	What does the general say?	1
4	According to the trailer's narrator, what is this movie about?	2

DON'T FORGET

When translating, pay attention to the verb tenses: *he aprendido* I have learned; *cada día aprendo* every day I learn. Go to the Grammar section on p. 96 to brush up your tenses. Remember to look out for adverbs such as *aún* still; *cada día* every day; *un poco más* a little bit more; *por lo tanto* therefore.

ONLINE TEST

Test yourself on this topic at www.brightredbooks.net

EMPLOYABILITY

LA INFANCIA Y LOS PROYECTOS DE FUTURO

EMPLOYABILITY: AN OVERVIEW

The context of Employability covers a range of different topics. There are overlaps between Learning and Employability, for example when you are talking about planning for your future; or between Employability and Society or Culture when talking about taking a gap year or your impressions of another country when working there.

When we look at Employability, we will work on your listening and talking skills by considering the topics of future plans and what you will do after you leave school. Then, you will practise your reading skills on authentic materials about a well-known Spanish clothing businessperson and the charitable work of the Vicente Ferrer Foundation.

DON'T FORGET

As you tackle this listening activity, bear in mind that these presentations and discussions are real examples of talking performances.

ACTIVIDAD ESCUCHA: EMILY AND BEN

Listen to two Scots talking about their childhood, travels and future plans. Take notes for the following headings in English, providing as much information as possible. If you wish, you can refer to the transcript on pp. 114–116 and approach this activity as a combined listening/reading activity.

Emily

1. Where she grew up
2. Good things about where she grew up/ the only disadvantage
3. What her brother told her when she was five years old
4. Where they moved and why
5. Her great passion as a child
6. Her great passion now
7. Her last trip and where she visited
8. Peruvian project
9. What Emily teaches
10. Differences between schools in Peru/Scotland
11. Her experience in Madrid
12. Where Emily's brother stays/what life there is like
13. Next trip

Ben

1. How long he lived in Edinburgh
2. How he got on with his brother when they were younger
3. How his parents punished him when he was young
4. Relationship with his brother now
5. Comments about girlfriend
6. Future plans and reasons
7. Responsibilities which go with his intended career plan
8. How many exams and how he prepares for them
9. His job
10. Future marriage intentions
11. Where he would like to travel
12. How he would work there
13. Where he has already travelled to

ACTIVIDAD ESCUCHA: ISABEL AND FÉLIX

Two young Chileans, Isabel and Félix, talk about their plans after leaving secondary school. Write about their plans (A, B and C) for what to do after leaving school in English, providing as much detail as possible.

DON'T FORGET

Emily's listening activity could have also appeared under the topic of society or culture, as she is talking about her childhood and her time living abroad.

ACTIVIDAD ESCRIBE, HABLA: YOUR FUTURE PLANS

Using the language from the transcript of Isabel's and Félix's future plans, write down your Plans A, B and C for after you leave school. Share them with a classmate.

Employability: La infancia y los proyectos de futuro

ACTIVIDAD — LEE, TRADUCE: ¡NI ESTUDIO, NI TRABAJO!

Read the following statistics about young people in Spain. Translate them into English.

España es el país con mayor porcentaje de 'Generación Ni-Ni' de la Unión Europea.

1. Uno de cada cuatro chicos y chicas de entre 15 y 29 años ni estudia ni trabaja.
2. La mitad de los españoles entre 25 y 65 años no ha terminado el bachillerato.
3. El 36% de los jóvenes de entre 25 y 34 años ha dejado los estudios antes de los 16 años.
4. La tasa de paro de los españoles con estudios superiores triplica la media de la OCDE.

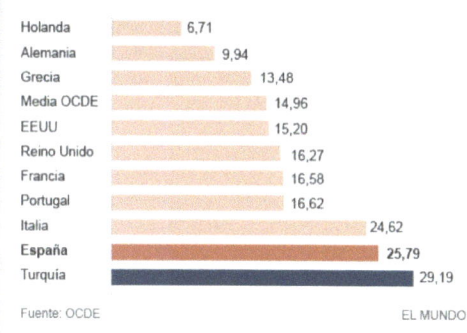

Porcentaje de 'ninis' entre 15 y 29 años
No tiene ni empleo ni están estudiando ni preparándose. Datos de 2012

País	%
Holanda	6,71
Alemania	9,94
Grecia	13,48
Media OCDE	14,96
EEUU	15,20
Reino Unido	16,27
Francia	16,58
Portugal	16,62
Italia	24,62
España	25,79
Turquía	29,19

Fuente: OCDE — EL MUNDO

ACTIVIDAD — LEE: CAREER PATHS

Read the following opinion statements and decide whether they are most likely to refer to: university (U), college (C), sabbatical (S), employment (E) or apprenticeship (A). You can double-check what the statements mean in the Answers section at the back of the book.

1 Después vas a encontrar un trabajo más interesante y mejor pagado.	
2 Puedes estudiar y trabajar al mismo tiempo, así que desde muy joven empiezas a tener un poco de dinero e independencia económica.	
3 Porque todavía no sé lo que quiero hacer en el futuro, y me encanta viajar.	
4 Quiero estudiar una carrera para ser …	
5 La mayoría de la gente que termina no encuentra trabajo y tiene una deuda muy grande.	
6 No tengo buenas notas en el instituto y necesito sacarme más asignaturas para después ir a la universidad.	
7 Creo que hoy en día se gana más dinero de esta manera.	
8 …para mejorar mi nivel de idiomas antes de continuar mis estudios.	
9 En el futuro me gustaría ser electricista o albañil, me encantan los trabajos manuales.	
10 Es la única manera de prepararme para la profesión que quiero aprender: mecánico.	
11 No me gusta estudiar mucho, y necesito centrarme en actividades prácticas para aprender.	

THINGS TO DO AND THINK ABOUT

Use the statements above to talk and write about your future plans. Use the structures below as a guide.

Me gustaría/No me gustaría …

buscar trabajo/ir a la universidad/hacer una formación profesional/tomarme un año sabático/ser aprendiz (de) …

porque …

DON'T FORGET

Remember at times there are overlaps between contexts – the 'Ni-Ni' youngsters could have equally appeared under the context of Learning.

ONLINE

Go to www.brightredbooks.net to watch a video on how to choose a career or what to study, and answer the questions in English. You can read the whole transcript there too, where you will find plenty of material to help you build sentences thinking about your own future career choices.

ONLINE TEST

Head to www.brightredbooks.net and test yourself on la infancia y los proyectos de futuro.

EMPLOYABILITY

VICENTE FERRER

ACTIVIDAD 1 — LEE: VINCENTE FERRER FOUNDATION

Read the following texts about how the Vicente Ferrer Foundation helps sustainability and employment programmes in India, then answer the questions that follow in English.

Vicente Ferrer
(Barcelona, 1920 – Anantapur, 2009)

Una vida dedicada a ayudar a los demás

La vida de Vicente Ferrer estuvo marcada por varios acontecimientos clave: tuvo que luchar con tan sólo 16 años en la guerra civil española en las filas republicanas en 1936. Años más tarde se hizo sacerdote con la ilusión de cumplir su deseo y vocación: ayudar a los demás. En 1952 llegó a Mumbai. A partir de entonces dedicó su vida a erradicar el sufrimiento de las personas más pobres de ese país. Su labor generó muchas suspicacias entre las clases dirigentes, que lo veían como una amenaza, y consiguieron una orden de expulsión del país. En 1968 Vicente abandonó la India. Tres meses después, y gracias a la intervención de Indira Gandhi, consiguió un nuevo visado y se instaló en Anantapur. Dos años más tarde abandonó el sacerdocio y creó, junto a Anne Perry, la que sería su esposa unos meses más tarde, la Fundación Vicente Ferrer. El lema de Vicente Ferrer era: 'soy testigo de que es posible cambiar este mundo'.

1. Give details about the key events in Vicente Ferrer's life. — 5
2. What did he dedicate his life to? — 1
3. Describe the reaction of India's ruling classes to Ferrer's work in India. — 3
4. What did he do two years after returning to Anantapur? — 3
5. Translate Vicente Ferrer's motto. — 2

ONLINE

Head to www.brightredbooks.net for a further reading activity on Anna Ferrer, Vicente's wife.

El Comercio Justo

El Comercio Justo de la Fundación Vicente Ferrer tiene como objetivo combatir la fuerte discriminación que padecen las mujeres *dalits* con discapacidades de Anantapur (Andhra Pradesh). El proyecto propone otra forma de ser solidario: un ciclo de comercio responsable en el que el comprador final muestra un compromiso social, cultural y humano.

El proyecto empieza cuando una mujer con discapacidad accede a un trabajo por el que recibe una paga justa y un reconocimiento social. El proyecto acaba con la compra de los productos de vestir y ropa en las tiendas de la fundación en España o con la compra de los productos en línea. Los beneficios obtenidos con la venta de los productos se reinvierten directamente en las personas de Anantapur.

En 2001 la Fundación Vicente Ferrer creó en Anantapur (Andhra Pradesh) los primeros talleres-residencia para mujeres intocables, porque tienen algún tipo de discapacidad. En los talleres, grupos de mujeres reciben formación en una actividad artesanal. En los talleres se les ofrece también educación básica, seguimiento médico, integración y un empleo estable durante todo el año.

En la actualidad unas 300 mujeres con discapacidad integran el programa y elaboran productos de vestir bordados a mano y joyería. Desde que trabajan y perciben un salario, la vida de estas mujeres ha cambiado: ha aumentado su autoestima y los otros ciudadanos las respetan.

contd

46

Estas son las principales características de los talleres artesanales:

    a Agrupamos y organizamos a colectivos desfavorecidos de mujeres para consolidarlas como productoras de su propia artesanía.
    b Pagamos un salario justo de acuerdo con la realidad socioeconómica de la región.
    c Las mujeres que trabajan en los talleres cuentan con un programa de asistencia en nutrición, rehabilitación, economía familiar, higiene y salud.
    d Respetamos el medio ambiente a través de la utilización de materiales naturales.
    e Eliminamos intermediarios que se lleven el beneficio del trabajo de las mujeres.
    f Destinamos los beneficios de la venta a la India, para reinvertirlos en el proyecto.

1. What is the objective of the Vicente Ferrer Foundation's fair-trade project? **1**
2. How does the foundation achieve this objective? **2**
3. How does the project start off? Give details. **3**
4. What happens with the profits of the project? **1**
5. In 2001 the foundation created fair-trade workshops in Andhra Pradesh. Who were they for? **2**
6. What do the workshops offer? Give any four details. **4**
7. How have the lives of the workers changed? Give two details. **2**
8. Describe in full detail any four of the six main characteristics of the fair-trade workshop project.

ONLINE

Head to www.brightredbooks.net for a further reading task about the Vicente Ferrer Foundation's programme for sponsoring children.

THINGS TO DO AND THINK ABOUT

With a partner, come up with a debate on whether or not to buy fair-trade coffee. First read the sentences and decide which are *a favor* (in favour of) or *en contra* (against). Remember to use your usual agreeing/disagreeing sentences, such as *Yo pienso/creo que …*; *Ni hablar, no estoy en nada de acuerdo contigo*; *Al contrario, en mi humilde opinión, yo pienso que …*; *¿Pero qué dices?*

1. Hay que comprar siempre el producto más barato, 'la pela es la pela'.
2. Hay que comprar el producto que pague un precio justo a los trabajadores, y asegurarse que no se explota a los niños.
3. Hay que comprar el producto que cree oportunidades para productores y productoras en desventaja económica.
4. Hay que comprar el producto que tenga un mejor sabor.
5. En los países donde se produce, la vida es más barata, por eso es normal que se les pague menos.
6. Yo no me creo todas las historias sobre las condiciones de los trabajadores, aquí también hay mucha pobreza, y yo trabajo por muy poco dinero.
7. Hay que tener en cuenta el medio ambiente a la hora de comprar.
8. Yo no me creo que se explote a los niños, yo siempre compro el que cueste menos dinero, y no me fijo cuando voy a la tienda.

DON'T FORGET

This section should give you plenty of ideas for your Directed Writing on Employability.

VIDEO LINK

Go to www.brightredbooks.net to find the link to Vicente Ferrer's documentary in Spanish. You can watch it with subtitles and with the transcript appearing at the side of the video.

ONLINE TEST

Head to www.brightredbooks.net and test yourself on this topic.

EMPLOYABILITY

LOS NEGOCIOS

Read the following texts about a well known Spanish business person. Then do the activities that follow on these pages and online at www.brightredbooks.net.

ACTIVIDAD 1: LEE: TRUE OR FALSE?

El imperio empresarial de esta persona empezó con un negocio sencillo en Galicia, en el noroeste de España. Ha pasado a ser uno de los hombres más ricos del mundo. Hijo de un empleado *ferroviario**, dejó la escuela a los 13 años y empezó a trabajar como vendedor en una tienda de camisas. Cuatro años después, en 1972, este gran emprendedor, fundó un pequeño taller de confecciones que fabricaba batas para señoras en La Coruña, Galicia.

Cuando comenzó fabricando batas en una pequeña tienda en Galicia, esta persona era un joven tímido y serio. Trabajando mientras cosía a mano, se le ocurrió que la ropa de diseño no tenía por qué ser sólo para ricos. El secreto de esta persona es que ha democratizado la moda; él pensaba que para ir vestido con estilo no había que tener mucho dinero.

Su grupo comercial que incluye muchas marcas de ropa, está presente por todo el mundo, incluyendo todos los países europeos, y todo el continente americano, desde el sur en Argentina, hasta el norte en Canadá. Tiene varias marcas comerciales, aunque todas le pertenezcan: algunas venden ropa más económica, y otras están dirigidas a sectores de la población con más recursos económicos.

Pero en los últimos años, el nombre de este empresario se ha visto involucrado en casos de trabajo esclavo o condiciones laborales muy precarias en países como Brasil y Bangladesh. En ambos países esta empresa explicó que se trataba de empresas contratistas y exigió el cierre de esas fábricas y se comprometió a reforzar los controles en su cadena de producción. Recientemente también ha habido acusaciones de que esta empresa se aprovecha de la ley para librarse de pagar 900 millones de euros de impuestos en España.

Glossary

* ferroviario = train

ONLINE

Read the full articles at www.brightredbooks.net

Are the following statements true or false?

1. This person came from a wealthy family.
2. This person went to university.
3. This person's first job was in a t-shirt shop.
4. In 1972 this person opened a small workshop to make women's dressing gowns.
5. This person was bubbly and outgoing.
6. This person had the idea that designer clothes should not only be for the wealthy.
7. This person's company has been recently involved in alleged cases of slave labour.
8. This company demanded the closure of those factories.
9. This company has been accused of not paying 900 million euros into the Spanish tax system.

ACTIVIDAD 2 LEE, ESCUCHA: *EL JUEVES*

The following reading/listening passage has been adapted from an article in a satirical Spanish magazine, *El Jueves*, that is very critical of the alleged involvement of this entrepreneur with child labour. Getting the gist in English when the satirical tone is used can be difficult at times, so it will be much harder in Spanish. Pay attention to see if you can get the mocking tone throughout this non-real interview to the owner of a well-known company, then answer the questions which follow in English. You won't get this kind of article in your assessment of final exam, but it's good to be exposed to real satirical humour as a learning tool.

bata

contd

48

Employability: Los negocios

'ME GUSTARÍA MONTAR UNA TIENDA DE ROPA EN MARTE'

Hablando de imaginación, quién iba a imaginar que usted, que empezó vendiendo batas para *marujas** en una pequeña tienda, acabaría siendo uno de los hombres más rico del planeta. ¿Cómo lo ha hecho?

Todo se lo debo a los niños.

¿Son su principal fuente de inspiración?

No, son mi principal mano de obra.

Vaya, entonces es cierto lo que se dice, que está usted empleando a niños en sus fábricas de Bangladesh. ¿Cuánto les paga?

Cinco céntimos la hora. Pero oiga, no me mire así. Sin mí, esos pobres niños estarían en la calle, bebiendo y fumando. En mis fábricas están seguros, aprenden un oficio... Les estoy dando a esos chavales un futuro.

Está bien, pero habiendo aquí en España cerca de cinco millones de personas sin trabajo... ¿Por qué no fabrica usted su ropa aquí?

Digamos que hay algunos pequeños detalles culturales que no se adaptan a mi forma de trabajar.

¿Como por ejemplo?

Como por ejemplo tener que pagar impuestos, eso no me gusta nada. Y después está el tema de que aquí los trabajadores tienen derechos. Todos son problemas aquí.

Entiendo. De producir explotando a niños en países pobres y vender en países ricos, de ahí viene su beneficio...

El beneficio de todos, ojo, que aquí todos salimos ganando. Gracias a mi imperio de ropa, usted con su sueldo basura se puede comprar un traje y yo, con los beneficios, me puedo comprar una isla si quiero.

Pero el traje que usted me vende es de muy mala calidad.

No soy tonto, soy consciente que mi ropa es de muy mala calidad. Tengo a 100.000 niños desnutridos cosiéndome cada uno 2000 camisetas al día. ¿Cómo quiere que salgan bien hechas las camisetas? Si quiere calidad, gástese lo que vale, y pague más dinero. Míreme a mí, yo jamás me he puesto nada de mis propias marcas de ropa.

Glossary

maruja = pejorative term for a traditional housewife

---

1. According to this imaginary interview, to what does the owner of this company owe his success? Why? **2**
2. Give details of how he justifies paying low wages. **4**
3. Why does the journalist suggest that this company's clothes should be made in Spain? **1**
4. What reasons does the entrepreneur provide for not manufacturing the clothes in Spain. **2**
5. According to the entrepreneur, everyone is a winner. Explain why. **4**
6. Why are this company's clothes not always perfect? Give any three details. **3**

DON'T FORGET

Remember that this is not a real interview! You won't be given this kind of article in your assessment or final exam, but it's good to be exposed to satirical humour and to use it as a learning tool.

THINGS TO DO AND THINK ABOUT

With a friend from your class, try to put the following statements about job satisfaction into your own pecking order. It's good to disagree, and all these factors might be very important to you!

1. Lo fundamental en el trabajo es...	a. ganar mucho dinero, y tener muchas primas y comisiones
2. Uno de los factores más importantes son...	b. llevarte bien con los compañeros, y que te valoren
3. Igualmente, es muy importante...	c. hacer un trabajo que te guste
4. No es lo primordial, pero ayuda	d. tener un/a jefe/a comprensivo/a
5. Una de las cosas que importan menos son...	f. ser feliz con tu trabajo, y sentirte bien
6. Lo menos importante es	g. tener un sueldo justo, y buenas vacaciones
	h. tener coche de empresa y todos los gastos pagados
	i. poder hacer un trabajo para desarrollarte como persona
	j. tener un trabajo que te permita viajar y conocer a gente

ONLINE

Go to www.brightredbooks.net to tackle a combined listening/reading activity on fair trade.

ONLINE TEST

Head to www.brightredbooks.net and test yourself on this topic.

49

CULTURE

LA CULTURA EN ESPAÑA Y EN IBEROAMÉRICA

The context of Culture can take many forms and can overlap with Society. Some of the topics to be studied in this section include planning a trip, travelling around Spanish-speaking countries, taking a gap year, living in a multicultural society or encountering stereotypes, prejudice or racism. This context also includes topics such as celebrating special events and festivities – and there are many in Latin America and Spain!

ACTIVIDAD 1: LEE, ESCUCHA: MATCH UP

Match each landmark and well-known authors to their pictures. Then research and write down facts you did not know about these landmarks and authors.

A

B

C

DON'T FORGET

You will come across a lot of festivities in the Directed Writing section of this book. You can find plenty of ideas in this section for your Directed Writing on the context of Culture.

ONLINE

Follow the link at www.brightredbooks.net to the official Sagrada Familia site to find out more about it and to see some videos about its construction (there are English subtitles!).

ONLINE

Visit www.brightredbooks.net to find out more about El Quijote, Allende and Lorca.

1 *Don Quijote de la Mancha* es una novela de caballerías escrita por Don Miguel de Cervantes en 1605. Don Quijote y su escudero, Sancho Panza, recorren Castilla la Mancha. Don Quijote parece estar loco: él lucha contra los molinos de viento porque cree que son gigantes. '*El Quijote*' se ha interpretado de muchas maneras diferentes a lo largo de la historia. Al principio se creía que era una crítica humorística de las obras de caballerías. Más tarde, se pensó que representaba a la sociedad feudal española durante la conquista del continente americano, y reflejaba un heroísmo patético: El Quijote es una persona con título nobiliario pero muy pobre. Los escritores románticos vieron al personaje de Don Quijote como un luchador trágico: alguien que enfrenta el idealismo y el realismo. *El Quijote* está considerado como una de las obras más importantes de la literatura universal, como son *Macbeth* o *Hamlet* de Shakespeare.

2 Isabel Allende, chilena, es la escritora de lengua española más leída del mundo, y sus libros han sido traducidos a 35 idiomas. Era sobrina del Presidente socialista de Chile Salvador Allende, que murió tras el golpe de estado del general Pinochet en 1973, apoyado por los Estados Unidos. Sus libros emplean un estilo literario llamado realismo mágico. Su primera novela, publicada en 1982, *La casa de los espíritus*, cuenta la negra historia de Chile durante la dictadura militar. Otra de sus obras más leídas fue *Paula* donde cuenta la muerte de su hija. Allende también escribe novelas para adolescentes: en *El Reino del dragón de oro*, un adolescente viaja al Himalaya con su abuela, que es periodista de *National Geographic*, y vive aventuras sorprendentes.

contd

Culture: La cultura en España y en Iberoamérica

3 Federico García Lorca es un poeta español del siglo XX, que fue asesinado durante la Guerra Civil Española en 1936. Lorca pasó tiempo viviendo en Madrid y, junto con otros escritores, como Alberti o Cernuda, forma parte de lo que se llama la 'Generación del 27'. Lorca fue amigo de otros artistas como por ejemplo Salvador
5 Dalí. Lorca escribía poesía y obras de teatro. Tras su viaje a Nueva York, escribió su famoso libro de poemas *Poeta en Nueva York*. Lorca pasó algunos años viajando por España con un grupo de teatro llamado 'La Barraca'. Una de sus obras teatrales más famosas es *La Casa de Bernarda Alba*, un drama de mujeres en los pueblos de España, una tragedia sobre el drama de la represión femenina.

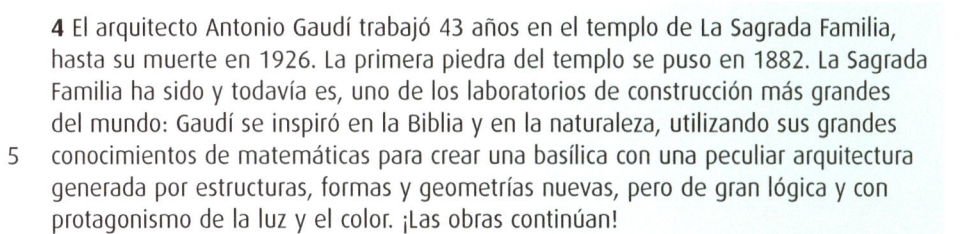

4 El arquitecto Antonio Gaudí trabajó 43 años en el templo de La Sagrada Familia, hasta su muerte en 1926. La primera piedra del templo se puso en 1882. La Sagrada Familia ha sido y todavía es, uno de los laboratorios de construcción más grandes del mundo: Gaudí se inspiró en la Biblia y en la naturaleza, utilizando sus grandes
5 conocimientos de matemáticas para crear una basílica con una peculiar arquitectura generada por estructuras, formas y geometrías nuevas, pero de gran lógica y con protagonismo de la luz y el color. ¡Las obras continúan!

5 En la península ibérica vivieron desde el año 711 hasta 1942 los árabes y otros pueblos de religión musulmana del norte de África. La Alhambra era el palacio del rey Boabdil, último gobernante del Reino Nazarí de Granada, antes de que los cristianos los expulsaran. La Alhambra es una joya de la arquitectura universal. La construcción
5 muestra la manera de pensar de la religión musulmana: el palacio es de piedra roja por fuera, muy simple y sin adornos, pero con un sinfín de detalles en el interior. Para un musulmán, la belleza es interior, y se reserva para mostrarla en la privacidad. El interior de La Alhambra tiene muchas figuras geométricas, pero ninguna humana. Para un musulmán, solo Dios puede crear, así que nadie puede utilizar figuras
10 humanas para la decoración. La Alhambra tiene muchas fuentes, con agua que corre. El agua representa la pureza, símbolo que después copiarían los cristianos de los musulmanes. Los árabes y musulmanes influenciaron a la sociedad española en varios campos de la vida social, económica, artística, cultural y lingüística. Muchos sonidos del español proceden del árabe, por ejemplo la 'j'. Así, en castellano antiguo y en la
15 lengua asturiana se dice 'Xixón', mientras que en castellano moderno, después de la conquista árabe, se dice 'Gijón'. Lo mismo pasa con el nombre castellano 'Javier', que se escribe 'Xavier' en francés y en catalán, pero 'Xabier' en vasco y en gallego. Aunque la mayoría de las palabras españolas provienen del latín, hay muchas palabras que provienen del árabe, por ejemplo 'ojalá' (hopefully), del árabe 'In Sha Allah' (si Allah
20 lo quiere/if Allah wants it to be), o 'hola', del árabe 'Ahla' (¡Por Dios!/To God/Allah!). Muchas otras palabras, se calcula que hasta 4000, vienen del árabe, como por ejemplo albóndiga, azúcar, aceite, aceituna, álgebra, algoritmo, Gibraltar, o la tarea (tariha).

6 Machu Picchu significa 'Montaña Vieja' en la lengua quechua. Machu Picchu es un antiguo poblado Andino-Inca, construido en el siglo XV en Perú. Se piensa que Machu Picchu era una de las residencias de descanso del rey inca Pachacútec entre 1438 y 1470. Sin embargo, algunas de sus construcciones como 'El Templo del Sol'
5 parecen demostrar que se usaba como santuario religioso. En 2007 Machu Picchu fue declarado una de las nuevas siete maravillas del mundo moderno. La construcción revela datos muy significativos sobre los conocimientos de los incas. Los incas aplicaron en forma práctica la geometría y el mismo principio de Pitágoras para construir habitaciones y escaleras a la perfección. Del mismo modo, los incas tenían
10 conocimientos hidráulicos y de fluidos, importantes para crear el abastecimiento de agua en la zona, la red de canales y drenaje que siguen funcionando en la actualidad.

D

E

F

ONLINE TEST

Head to www.brightredbooks.net to test yourself on culture.

THINGS TO DO AND THINK ABOUT

Jot down ideas from each part of the activity – these can be used in your Directed Writing.

CULTURE
MÚSICA Y BAILE

ACTIVIDAD 1 LEE: MATCH UP

Read the following texts about famous Spanish speaking singers, flamenco guitarists, dances and other traditional cultural events. Match them up with their photos and jot down five pieces of relevant information (the gist) from each text. Then go online to take a brief survey.

A

B

1. Los orígenes del Carnaval pueden encontrarse en la antigua Grecia o en la Roma clásica. Durante la Edad Media, el Cristianismo permite que la gente disfrute y celebre con alegría una fiesta antes de que comience la Cuaresma*, que es tiempo de tristeza. En Cádiz, los Carnavales son famosos porque hay un concurso de distintos grupos o comparsas, que cantan letras satíricas y que critican la realidad social, política y económica del país con mucho sentido del humor.

*Cuaresma = Lent: A Christian religious observance that begins on Ash Wednesday and covers a period of 6 weeks before Easter Sunday.

2. La guitarra española es un instrumento que se creó originalmente en España, a partir de la mezcla y contacto hispano-cristiano de instrumentos griegos y romanos con instrumentos de la cultura musulmana. Algunos compositores clásicos de guitarra española, son Isaac Albéniz, Manuel de Falla y Andrés Segovia. En la foto, se puede ver a Paco de Lucia, compositor y guitarrista flamenco, con Camarón de la Isla, cantaor flamenco. España ha sido un país por donde han pasado muchas civilizaciones y culturas: fenicios, griegos, cartaginenses, romanos, judíos, musulmanes, godos y gitanos. Toda esta mezcla, más la música andalusí, que es la fusión de las músicas del norte de África con la cristiana y la judía, pueden dar explicación al nacimiento del flamenco.

contd

Culture: Música y baile

C
D
E

3. La salsa nace de la fusión de culturas de los esclavos negros africanos que los españoles llevaron a Cuba, después de la conquista en 1492, la cultura y baile de los colonos españoles, y las tradiciones de las personas que vivían en Cuba. En Cuba, cuando era una colonia española, los esclavos expresaban sus penas con el cante y el baile. El nombre 'salsa' es un término genérico, pero hay muchos tipos de baile, por ejemplo la rumba o el guaguancó.

Buena Vista Social Club es el nombre de un club de baile y música muy famoso en La Habana, Cuba. También es el nombre de una agrupación musical creada en la década de los 90 del siglo pasado que reúne a muchos cantantes y músicos cubanos tradicionales. Este grupo se hizo muy famoso y viajó por todo el mundo, e hizo un documental sobre las tradiciones y la música en Cuba, que también se llama *Buena Vista Social Club*. En el documental y el álbum aparecen cantantes y músicos como Compay Segundo, Eliades Ochoa y Amara Portuondo.

4. El tango aparece en la segunda mitad del siglo XIX, en Buenos Aires, Argentina. Buenos Aires era el último puerto del mundo, donde los barcos se quedaban un buen tiempo. Los barcos llegaban con toda la música recogida por sus marineros en los puertos y países de todo el mundo. Los marineros eran africanos, hispanos de las colonias españolas, italianos, cubanos, judíos, alemanes, polacos, españoles de todas partes de la península ibérica, como andaluces o gallegos. Los inmigrantes/marineros eran principalmente hombres. El censo de 1914 en Argentina registró un millón más de hombres que de mujeres. El tango nace de la fusión de culturas y bailes, y de la manera de relacionarse bailando de hombres y mujeres. Se trató de una música eminentemente popular, rechazada y prohibida por las clases altas y la Iglesia Católica, porque se desarrollaba en los arrabales, que eran barrios pobres de los suburbios, los puertos, los prostíbulos, los bares y las cárceles. Allí convivían los inmigrantes y la población local, descendientes en su mayoría de indígenas y esclavos africanos.

5. Los cantantes latinos tienen mucha influencia y fama en los Estados Unidos y en el resto del mundo. En la foto vemos a Ricky Martin, que es de Puerto Rico, rodeado de las cubanas Gloria Estefan y Celia Cruz. Las dos artistas se exiliaron después de la Revolución Cubana de 1959 y la llegada al poder de Fidel Castro. Celia Cruz murió a los setenta y ocho años, en 2003. A Celia se le considera la 'reina de la salsa'. Celia nunca volvió a pisar suelo cubano desde su exilio.

ONLINE
Please visit the section on 'Música y baile' at www.brightredbooks.net, to find out more about flamenco and salsa, to do more Reading activities and to listen to some very famous Spanish songs.

DON'T FORGET
You can use ideas from these texts in your own Directed Writing piece.

ONLINE TEST
Take the 'Música y baile' test at www.brightredbooks.net

THINGS TO DO AND THINK ABOUT
Translate the headline below.

Nigeria se indigna con la Tomatina

CULTURE
ICONOS DE LA CULTURA HISPANA

This section presents more icons of Hispanic culture, from acclaimed film director Pedro Almódovar to revolutionary Che Guevara.

ACTIVIDAD 1: LEE, ESCUCHA: FILL IN THE GAPS

Take five minutes to look carefully at Picasso's *Guernica*. Then listen to the recording and fill in each gap with the correct word from the box.

1 Pablo Ruiz Picasso (1881–1973) nació en _____, España, aunque vivió la mayor parte de su vida en _____. Es posiblemente uno de los _____ más famosos del mundo, y uno de los creadores del movimiento _____ llamado 'cubismo'. Durante la _____, Picasso pintó en Paris la obra *El Guernica* para denunciar los horrores de la _____ y la tragedia de sus víctimas. Picasso se inspiró en el brutal bombardeo de la ciudad de _____, en el norte de España. El 26 de abril de 1937, el dictador fascista Francisco Franco le pidió a _____ que bombardeara Guernica, y la legión alemana Cóndor _____ a toda la población. El cuadro es muy grande y está pintado en _____. El cuadro muestra seis personas y tres animales. Las personas son: una madre con un hijo muerto entre los brazos, un guerrero muerto, una mujer gritando con los brazos abiertos al cielo y otro hombre pidiéndole al cielo que dejen de caer bombas. El _____ es el símbolo de España, y junto con el caballo simbolizan las víctimas _____ de la guerra. La _____ se puede considerar como el símbolo de la paz rota. La bombilla puede significar el avance social y positivo de las _____, pero que, en malas manos, crea la destrucción _____ en las guerras modernas. *El Guernica* es un símbolo moderno que denuncia los _____ de las guerras.

| Málaga | artístico | Guernica | toro | ciencias | Francia | Guerra Civil Española (× 2) |
| exterminó | inocentes | masiva | pintores | Hitler | negro, blanco y gris | paloma | horrores |

2 Diego Velázquez nació en _____ en 1599. Ha sido uno de los pintores más _____ en España, por haber sido el pintor del rey _____ y su corte. El cuadro *Vieja friendo huevos* lo pintó en Sevilla en 1618 y se puede visitar en la _____, en Edimburgo. La Sevilla en la que vivió el pintor era la ciudad más _____ y poblada de España, ya que conectaba la península ibérica con las posesiones españolas en _____. Sevilla está conectada con el _____ porque el río Guadalquivir es navegable hasta Sevilla. Su obra quizás más conocida es *Las Meninas*, cuadro donde se muestra a la infanta Margarita de Austria rodeada de sus sirvientas o 'meninas'. En el cuadro Velázquez se pintó a sí mismo, así como al rey Felipe IV, reflejado en un _____.

| famosos | Galería Nacional de Escocia | océano Atlántico | espejo | Sevilla | rica |
| Felipe IV | América |

contd

54

Culture: Iconos de la cultura hispana

3 Frida Kahlo (1907–1954) fue una pintora y poetisa _____. Se casó con el también famoso pintor Diego Rivera. Un trágico accidente en su _____ hizo que pasara mucho tiempo enferma en la _____. Frida llevó una vida inusual para la época, por ejemplo era bisexual, y estando _____ tuvo muchos amantes. Sus _____ reflejan su autobiografía, su _____ y sus dificultades para _____. A Frida le gustaba el arte _____ mexicano de raíces _____.

| juventud | casada | sufrimiento | popular | indígenas |
| mexicana | cama | cuadros | sobrevivir | |

4 Pedro Almodóvar es posiblemente el director de cine español más _____ internacionalmente. Almodóvar recuerda de su _____ cómo las mujeres fingían, mentían, se _____, y de aquella forma permitían que la vida siguiera y se desarrollara en una sociedad muy _____, sin que los _____ se enteraran de lo que pasaba. El primer espectáculo que Pedro recuerda haber visto era un grupo de mujeres _____ en el patio. No lo sabía entonces, pero ese iba a ser uno de los temas de su película *Todo sobre mi madre*: la capacidad de las mujeres de _____ y de fingir. Su película es un gran tributo a las mujeres, sus _____ y habilidad para renovarse a sí mismas y le hizo ganador del Óscar a la mejor película de habla no inglesa en el año 2000. Por todo ello, a menudo se le describe como un _____, por los muchos personajes femeninos llenos de _____ que aparecen en sus _____.

| infancia | escondían | hombres | fuerza | famoso | hablando |
| interpretar | 'director de mujeres' | machista | amistades | películas | |

5 Ernesto 'Che' Guevara era un _____ argentino. Cuando era _____ viajó por Latinoamérica y vio muchas injusticias sociales, provocadas por la explotación capitalista de los Estados Unidos. El Che fue una figura muy importante en la _____ Cubana y luchó en otros países, como el Congo y _____, donde fue asesinado por el gobierno y la CIA. El 'Che' es un símbolo de lucha _____ para muchos y un _____ de la contracultura.

| Revolución | icono | médico | Bolivia | socialista | joven |

THINGS TO DO AND THINK ABOUT

Esta es la carta de despedida del Che a sus hijos:

A mis hijos

Queridos Hildita, Aleidita, Camilo, Celia y Ernesto: Si alguna vez tienen que _____ esta carta, será porque yo no esté entre ustedes.

Casi no se _____ de mí y los más chiquitos no recordarán _____.

Su padre ha sido un hombre que actúa como _____ y, seguro, ha sido leal a sus _____.

Crezcan como buenos revolucionarios. _____ mucho para poder dominar la técnica que permite dominar la _____. Acuérdense que la revolución es lo _____ y que cada uno de nosotros, solo, no vale nada. Sobre todo, sean siempre capaces de _____ en lo más hondo cualquier _____ cometida contra cualquiera en cualquier parte del _____. Es la cualidad más _____ de un revolucionario.

Hasta siempre hijitos, espero verlos todavía. Un beso grandote y un gran abrazo de papá.

| acordarán | piensa | estudien | mundo | leer | nada |
| importante | injusticia | convicciones | naturaleza | sentir | linda |

VIDEO LINK
You can find out more about Che Guevara by watching *Diarios de motocicleta*, view the trailer at www.brightredbooks.net

ONLINE
Go to the link at www.brightredbooks.net to find out more about Almodóvar and other acclaimed Spanish film directors.

ONLINE TEST
Test yourself on this topic at www.brightredbooks.net

55

CULTURE

LAS VACACIONES

ACTIVIDAD 1 — ESCUCHA: CUATRO JÓVENES HABLAN SOBRE SUS MOTIVOS PARA VIAJAR

DON'T FORGET

You can find the transcript for this activity on p. 118.

Four young Spanish people are talking about their reasons for travelling. Use the texts to help you understand what they say, and write as much information as you can under each heading: Reasons (1); How travelling changes you (2); How often (3); Where (4).

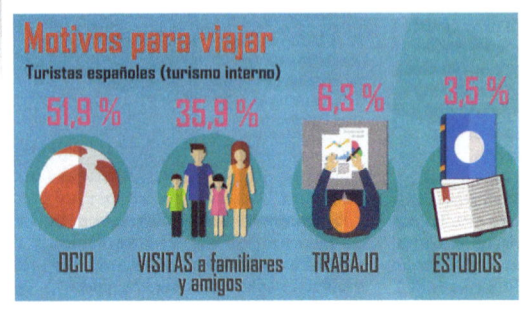

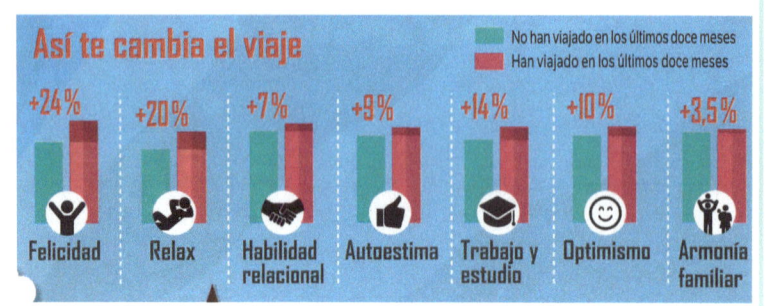

1 – Reasons

2 – How travelling changes you

3 – How often

4 – Where

ACTIVIDAD 2 — HABLA: EN PAREJA O EN GRUPO, ¡VAMOS A HABLAR!

DON'T FORGET

Remember you become more fluent in a language when you take words used in one context and apply them to different situations, so there is nothing wrong with using vocabulary or structures that you have already encountered in earlier sections of the book.

With the help of the texts above and the transcript ask each other the following questions, then give your replies.

1. ¿Cuáles son tus motivos para viajar?
2. ¿Cómo te cambia el viajar? ¿Qué te da o qué te aporta?
3. ¿Cuántas veces al año sueles viajar?
4. ¿Cuál es tu destino favorito?

Culture: Las vacaciones

ACTIVIDAD — LEE: ¿POR QUÉ ES BUENO VIAJAR?

Viajar es una necesidad humana surgida de la necesidad de supervivencia y tiene una base genética. Animales como los chimpancés salen a explorar, no tan solo cuando tienen hambre, en búsqueda de comida, sino para descubrir su medio ambiente. Al igual que los monos, los humanos también tenemos bases genéticas para luchar por sobrevivir y sentir el peligro. Los seres humanos siempre se han desplazado en busca de refugio, para conseguir alimento y para encontrar tierras para el cultivo.

Hoy en día, viajar es un placer muy positivo porque hace crecer nuestro conocimiento, reduce el estrés y nos hace más felices. Hay muchas posibilidades a la hora de viajar: da igual que sea al extranjero o cerca de casa, un par de días o una quincena, en verano o en invierno, por placer o por trabajo, solo o acompañado, con la familia o con los amigos. Viajar está genial porque nos saca de la rutina. Cuando salimos de nuestra casa, descubrimos experiencias nuevas que cambian nuestra manera de pensar: así, nuestra opinión sobre las personas de los distintos rincones del mundo cambia y ponemos los estereotipos en duda. Del mismo modo recordamos los paisajes de los países que hemos visitado de manera distinta, e incluso comidas nuevas pueden empezarnos a gustar. Viajar es la mejor manera de luchar contra estereotipos y prejuicios, porque nos abre la mente con experiencias nuevas.

Los expertos dicen que experimentar nuevas vivencias y conocer otros idiomas y culturas aumenta las conexiones neuronales y refuerza la mente. Así, las personas que viajan mucho o que han vivido algún tiempo en otro país, suelen ser más creativas, ya que han tenido que aprender a adaptarse a otras culturas y han tenido experiencias multiculturales.

1. Chimpanzees go out to explore. Why? 2
2. What genetic basis do humans and chimpanzees share? 2
3. Why have human beings always moved around? 3
4. Why is travelling such a pleasure nowadays? 3
5. Name three of the different options for travel mentioned in the text. 3
6. What do we discover when we leave the house? Give any three details. 3
7. What do the experts say? 2
8. What does it say in the text about people who have lived abroad? 3

DON'T FORGET

Go to page 102 to look at the subjunctive.

THINGS TO DO AND THINK ABOUT

Guadalupe is writing about her plans to travel in Argentina. Listen to the track and fill in each gap with one of the words from the box. Some words will have to be used more than once!

Mis padres quieren que me _____ de vacaciones con ellos a Argentina el verano que viene. Sin embargo, yo preferiría ir dentro de dos años, cuando _____ dieciocho años y cuando _____ mayor de edad. Así podría viajar solo con mis amigos. No me parece que _____ nada peligroso, al contrario, será una aventura genial. Cuando viaje a Argentina, me gustaría visitar el glaciar Perito Moreno. También quiero ir a las cataratas de Iguazú, y me encantaría ir a Ushuaia, la ciudad más al sur de todo el mundo. Estoy habituado a quedarme en hoteles cuando viajo con mis padres, pero cuando _____ a Argentina, no creo que _____ porque, cuando se viaja con amigos y sin padres, suele haber menos dinero. En invierno, cuando voy de vacaciones con mis padres a Sierra Nevada, en España, normalmente esquío; cuando _____ a Argentina, no creo que lo _____ porque cuesta mucho dinero. Desafortunadamente, en Argentina, en julio es invierno, así que no creo que _____ en el mar porque es posible que _____ nevando. Tengo muchas ganas de viajar porque me encanta hacer caminatas al aire libre, descubrir nuevos países y conocer a gente nueva. Mis padres quieren que yo _____ a bailar tango porque dicen que es más probable que así _____ a más gente y que _____ mi nivel de español. ¡Qué barbaridad! A mí no me gusta bailar, así que no es nada probable que yo _____.

| tenga | sea | haga | nade | pueda | baile | conozca |
| mejore | vaya | esté | aprenda |

Las cataratas de Iguazú Argentina

VIDEO LINK

Go online and watch the video on tourism, then do the comprehension activities that come with it.

ONLINE TEST

Test yourself on the vocabulary in this topic at www.brightredbooks.net

CULTURE

HABLAR IDIOMAS

An important cultural aspect of learning the languages of others is learning to see how other intelligent human beings shape the reality in a different way from ours, by looking through the eyes of other people.

ACTIVIDAD 1: LEE: LEARNING A LANGUAGE

Do this activity in groups or with a partner. Look at the passage below and try to match each heading (1–8 below) with the section it belongs to. This will help you practise for the overall purpose questions. Then read each section more thoroughly and write down, in English, at least four details found in that section.

1. ¿Qué es ser bilingüe?
2. Aprender un idioma
3. Mundo y lenguaje
4. Hablar idiomas aumenta la creatividad
5. Las ventajas cognitivas de aprender un idioma
6. Diferencias pragmáticas entre el inglés y el español
7. 'La crisis de identidad' de un coche que viaja por Europa
8. Las representaciones mentales de las personas que hablan varios idiomas
9. Las conexiones del cerebro cuando se hablan varios idiomas, o la flexibilidad cognitiva

a Un idioma no es algo inanimado que se aprende y se domina de forma definitiva, sino que se trata de una cosa viva que se construye y transforma según nuestro modo de pensar y de comportarnos con el mundo. Desde este punto de vista, la lengua está íntimamente ligada a nuestras emociones y a nuestra identidad.

b Es posible hablar una lengua de forma fluida desde la infancia y, aún así, no sentirse necesariamente bilingüe: esto sucede, por ejemplo, cuando no se vive en el país donde se habla esa lengua y, por consecuencia, donde no se viven las influencias culturales, humorísticas o sociales. Sin embargo, no es necesario ser bilingüe para comunicarse, y yo creo que lo importante es la comunicación.

c Un idioma viene definido por un conjunto de sonidos o como un código que sirve para comunicarse y que representa nuestro primer vínculo con el mundo. El recién nacido que grita y llora al llegar al mundo lo hace para expresarse y llamar la atención. Las palabras, la sintaxis, la gramática, todo eso llega más adelante y contribuye a construir nuestro universo mental, que ayuda a estructurar el modo en el cual percibimos al mundo.

d Las personas que hablan más de un idioma pueden hacer uso de varios sistemas de referencias lingüísticas para describir una sensación o expresar una idea. Por eso es importante aprender idiomas para desarrollar las capacidades intelectuales. Durante mucho tiempo se pensó que hablar varios idiomas podría llevar a confusiones, sobre todo entre los niños de poca edad. Sin embargo, muchos estudios en el último siglo han demostrado lo contrario, y ahora está comprobado que las personas que hablan varios idiomas tienen una 'conciencia metalingüística', y gracias a esto pueden resolver enigmas cognitivos sin pasar por el lenguaje: como si, enfrentándose a una ecuación matemática, un bilingüe tuviera más capacidad para resolverla.

contd

Culture: Hablar idiomas

e Imaginemos que la lengua sea un camino que atraviesa aquello que vemos, pensamos y expresamos: la sintaxis representa el itinerario, la gramática el medio de transporte y las palabras los puntos de referencia que marcan las diferentes etapas. ¿Qué es lo que pasa cuando hay dos, tres o cuatro puntos de referencia en vez de uno solo? Que entonces podremos elegir entre 'pain', 'pan', 'bread' o 'Brot'. Las distintas palabras no nos hacen pensar en la misma imagen: por un lado, 'pain', la *baguette* crujiente, caliente, dorada y para tomar con queso, por el otro, el 'Brot', un pan oscuro y con semillas, compacto y muy nutritivo.

f Pensemos en la palabra 'el coche', 'das Auto', 'la macchina', 'car', 'la voiture'. La misma palabra es femenina en italiano o en francés, neutra en alemán, y masculina en español. Hablar varios idiomas nos ayuda a pensar de manera diferente, y a ver la realidad desde los ojos de otras personas y otras lenguas. A veces, las mismas palabras no pertenecen a la misma imaginación, o no evocan los mismos recuerdos, las mismas emociones o los mismos códigos sociales. Por eso es tan difícil a veces traducir.

g En español, para pedir un refresco en un bar, se puede decir 'un zumo', por ejemplo, y no hace falta decir 'por favor' para ser cortés. Sin embargo, en inglés, es necesario decir *'can I have a juice, please?'* para ser correcto.

En una frutería en Escocia, cada vez que se pide un producto, hace falta decir *'please'* y *'thank you'*. Por ejemplo: *'Can I have one kilo of potatoes, please?'* y se dice *'thanks'* una vez que te han dado las patatas. Entonces, si quieres seguir comprando, vuelves a decir: *'Can I have one kilo of tomatoes, please?'* y, para ser correcto y educado, dices otra vez *'thanks'*. En España, si dices 'gracias' después de pedir un kilo de patatas, estás indicando que ya no vas a comprar nada más. A esta parte del estudio de las lenguas se le llama pragmática esto es, el uso del lenguaje en el contexto en el que se utiliza.

h Los estudios científicos demuestran que aprender una nueva lengua te permite sentirte más seguro de tí mismo, más abierto, más tolerante y más creativo. El hecho de poder encontrar un modo alternativo de decir las cosas, de expresar un concepto, ¡puede dar lugar a creaciones fantásticas y muy originales!

i Hablar otro idioma o ser bilingüe puede compararse con la sinestesia, la figura retórica que indica la fusión entre dos o más sentidos como la vista y el oído. Por ejemplo, la sinestesia hace posible ver literalmente la música en diferentes colores. Gracias a ella, la descripción de los sonidos puede estar enriquecida de imágenes y metáforas. Sobre este principio de asociaciones múltiples se fundan muchas poesías y expresiones lingüísticas, como por ejemplo la clásica oposición entre los colores cálidos y los colores fríos. Cuanto más aumentan las conexiones, más posibilidades tiene el cerebro de considerar un objeto y describirlo con palabras. La ciencia habla de 'flexibilidad cognitiva', una habilidad que hace referencia al pensamiento creativo y que está especialmente desarrollada en las personas que pueden comunicarse en varios idiomas. Por este motivo, hay leyes educativas, como la '1 + 2' aprobada en Escocia, para desarrollar las capacidades cognitivas de los estudiantes.

DON'T FORGET

Section **g** of the text gives you some very good tips on the usual way to ask for things in Spain.

VIDEO LINK

Go to www.brightredbooks.net and watch the nine-minute video about a Spanish person living in Scotland. Tackle this activity as a combined reading/listening task, as the transcript is online too.

ONLINE TEST

Test yourself on this topic at www.brightredbooks.net

THINGS TO DO AND THINK ABOUT

From the text, select ten good reasons for studying another language.

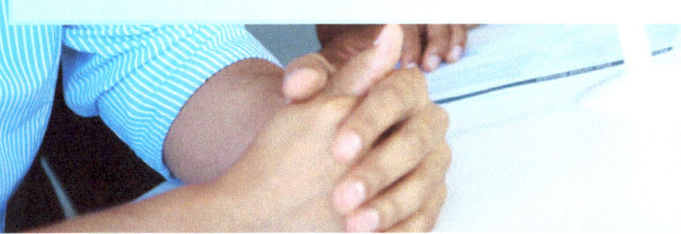

CULTURE
CASA DE LOCOS, L'AUBERGE ESPAGNOLE, POT LUCK

ACTIVIDAD 1 LEE: XAVIER

L'Auberge espagnole is a French-Spanish film (made in 2003 and released as *Casa de locos* in Spain and *Pot Luck* in the UK) about a French student on an exchange programme in Barcelona named Erasmus. Read the following text about it and then answer the questions in English.

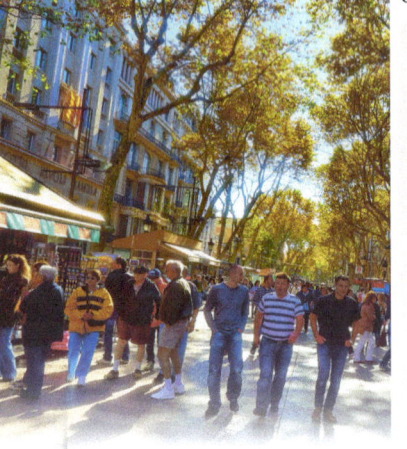

Xavier, un estudiante parisino de económicas, decide pasar un año en Barcelona con una beca Erasmus. Allí comparte piso con otras seis personas de diferentes personalidades y nacionalidades. En la película vemos como los
5   jóvenes aprenden y maduran relacionándose con su entorno: los padres, la familia, la pareja, las personas que aparecen de forma casual en nuestra vida, los compañeros de piso, deporte y estudios. La estancia en España cambia a Xavier y a los otros compis de piso. Él llega al país con el objetivo de aprender español, para encontrar trabajo y llevar una vida tranquila en Francia. Sin
10   embargo, la convivencia hace que su escala de valores se modifique por completo. Al final de la película, cuando vuelve a París, se ve como un extranjero en su propio país. Mirando las fotos de sus amigos él dice: 'soy él y él … soy ella, y ella … soy español, francés, inglés, danés … No soy uno sino varios. Soy como Europa, soy todos, soy un caos total'.

15   El título en francés viene de una expresión francesa '*l'auberge espagnole*', con la que se decía que en los albergues españoles cada persona tenía que llevar su propia comida y bebida. Así que metafóricamente, en el piso que los jóvenes comparten en Barcelona, solo se encuentra lo que uno mismo lleva, es decir, uno tiene que enfrentarse a sus propios prejuicios y cambiar su forma de pensar.

DON'T FORGET

Erasmus is the name of a European student exchange programme that allows young people to study in another European country for three months to a year as part of their degree. Since the beginning of the Erasmus programme, nearly three million Europeans have spent some time studying abroad or doing a work placement in another European country. The real success of the programme has been that it has also given the parents of the students a good opportunity to visit another European country.

1. What are Xavier's living arrangements in Barcelona?   2
2. The film shows how young people learn and mature by connecting with their environment. Give any four examples of this.   4
3. What were Xavier's objectives when he first arrived?   3
4. How did he feel when he left? Give any four details.   4
5. What does the French expression *auberge espagnole* mean, according to the text? Give any four details.   4

ACTIVIDAD 2 ESCUCHA: HAMISH'S GAP YEAR

Hamish, a young Scot, talks about his gap year in Madrid and how he changed his way of thinking. Answer the following questions in English.

1. What did Hamish work as and why?   2
2. What were the positive aspects of his work experience in Madrid? Give any four details.   4
3. Name any four difficult aspects of his job.   4
4. Hamish talks about how he found mealtimes in Spain. Give any four details.   4
5. Explain how Hamish's attitude towards languages has changed. Give any three details.   3

contd

Culture: *Casa de Locos, L'Auberge espagnole, Pot Luck*

6 What did Hamish think of Spanish people before? — 2
7 What does he think now? — 3
8 What does he think about German and French people now? — 2
9 What is Hamish's last remark when he compares young Scottish and Spanish people? — 1

THINGS TO DO AND THINK ABOUT

Xavier's and Hamish's experiences show what can be learned from spending time in a foreign country or meeting people from other parts of the world. The sentences below express two very different viewpoints: on the one hand the very black-and-white division between 'us' and 'them' and, on the other hand, a more fluid concept of humanity in general. Listen to the track at www.brightredbooks.net. Decide which viewpoint each of the statements below belongs to. Then use these statements as a basis to prepare a debate with a classmate.

1 La gente que viene a mi país tiene que adaptarse a mi cultura, es normal.
2 Las diferencias entre la gente de un mismo país son a menudo igual de grandes que las diferencias entre personas de un mismo grupo en países distintos.
3 Entender las razones por las cuales las personas se pueden comportar de maneras distintas nos hace más empáticos.
4 Es normal tener miedo a tanto extranjero que viene a quitarnos nuestro trabajo.
5 Todo es muy relativo, y las personas inteligentes cambian de opinión.
6 En los estereotipos suele haber algo de cierto.
7 A menudo pensamos que la otra persona es de una cultura distinta a la mía. También podríamos pensar que 'yo soy de una cultura distinta' a la de la otra persona.
8 Aunque parezca que somos distintos, ciertos instintos son muy parecidos en todo el mundo, y somos ciudadanos del mundo, no de nuestro país.
9 Celebrar las diferencias y aprender lo que nos une es lo importante.
10 Aprender idiomas es una manera de profundizar en las culturas distintas a la mía.
11 Los estereotipos son ciertos: a los franceses les gustan las baguettes y las cebollas y los alemanes son muy cuadriculados.
12 El racismo es una palabra que no quiere decir nada, porque en realidad no hay razas distintas. Los que desconfían de los otros por ser distintos, son xenófobos.

Madrid, España

VIDEO LINK
Go online to www.brightredbooks.net to watch the *L'Auberge espagnole* trailer.

ONLINE TEST
Test yourself on this topic at www.brightredbooks.net

CULTURE

EL ESPAÑOL DE LOS ESTADOS UNIDOS DE AMÉRICA

ONLINE TEST

Test yourself on this topic at www.brightredbooks.net

ACTIVIDAD 1: LEE: 'SPANGLISH'

Read the following text about the Spanish language in the USA and 'Spanglish' and then answer the questions that follow in English.

El español es hoy la segunda lengua de comunicación internacional y la segunda lengua más estudiada del mundo. El español es la segunda lengua en los Estados Unidos, y los hispanohablantes son ya un 15% de la población, porcentaje que crece año tras año y que coloca a la población hispana en una cifra que supera ampliamente los 40 millones. Según datos del censo americano de 2007, casi uno de cada tres residentes de los Estados Unidos pertenece a una minoría. Los hispanos son el mayor grupo minoritario, casi el 15% de la población total. Las personas de raza negra eran el segundo grupo minoritario. Las proyecciones demográficas más recientes sitúan a la población hispanohablante estadounidense por encima de los 132 millones para el año 2050, un escenario que de cumplirse, convertiría a los Estados Unidos en el país con mayor número de hablantes de español del mundo, por delante incluso de México.

Para entender la presencia del español en los Estados Unidos hay que empezar por fijarse en la presencia histórica del español en Florida, Nuevo México y Luisiana como el comienzo del asentamiento lingüístico hispanohablante. Basta prestar atención a los nombres de ciertas ciudades de California como San Francisco o Los Ángeles para darse cuenta que en los Estados Unidos no se habla español tan solo por la reciente inmigración, sino que se hablaba español antes que inglés.

Sin embargo, en los últimos quince años los miembros de la comunidad hispanohablante han empezado a darse cuenta de su nuevo poder estratégico, y comprenden el interés que suscita allí su cultura de origen. Así, han empezado a explotar el valor de su idioma materno y las posibilidades profesionales que les abre la capacidad de ser bilingües. Las personas de segunda o tercera generación de origen latino no sienten vergüenza de sus orígenes, y se sienten orgullosas de hablar español, ya que la lengua es el símbolo más fuerte de identidad. El profesor Manuel Ortiz opina: 'Esta toma de conciencia es parte de un cambio de actitud generalizado por parte de los hispanos, que ha revalorizado su idioma como una lengua que transmite la riqueza cultural de una comunidad compuesta por procedencias nacionales y regionales muy diversas y por lo tanto, el español se ha convertido en un idioma imprescindible en el ámbito profesional estadounidense'.

Muchas de estas personas que no dominan bien el español o el inglés mezclan palabras y estructuras de los dos idiomas a la hora de hablar. Otras veces empiezan a hablar en español y terminan la frase en inglés o al revés. Algunas personas llaman a este fenómeno 'el spanglish' aunque muchas otras personas no estén de acuerdo con este nombre. Según el lingüista Ricardo Macías, para poder utilizar el término spanglish, habría que demostrar que en los Estados Unidos una comunidad de hablantes produce usos lingüísticos socializados, y no los intentos fallidos de hablar español por hablantes que ya no lo dominan porque no lo han aprendido o lo han olvidado.

DON'T FORGET

This translation needs to be written up in the passive voice: '**hay que empezar**' – one should start by; '**solo basta prestar atención ... para darse cuenta**' – one only has to pay attention... to notice; '**se hablaba español...**' – Spanish was spoken.

Here are some examples of 'Spanglish':

- *Te llamo para atrás* = I'll call you back, instead of *Te llamo (de vuelta)* or *Te devuelvo la llamada*.
- *Estoy bien, pero tuve problemas 'parkeando' my car this afternoon* = *parkeando* instead of *aparcando* from the English 'parking', and then the speaker switches into English.
- *Estoy limpiando 'la carpeta'* = *la carpeta* in Spanish means 'file/folder', but here *la carpeta* comes from the English word 'carpet': 'I am cleaning the carpet'.
- *Esta noche voy a 'cuquearme' una 'cheeseburger'* = *cuquearme* is used to mean 'I'll cook myself'. In Spanish it should be *cocinarme*, but instead the speaker makes up a Spanish verb from the English, and adds *me* as one would do in Spanish.

contd

62

Culture: El español de los Estados Unidos de América

1. Spanish is the second language of international communication and the second most studied language in the world. How does it rank in the USA? Give two details. **2**
2. What information did the 2007 census provide? Give two details. **2**
3. What do demographic estimations predict? Give two details. **2**
4. Translate the underlined section into English. **10**
5. The situation of Spanish in the USA is changing. How have Hispanics changed their views in the USA in the last 15 years? **3**
6. What is happening with second- or third-generation Latinos? Give any two details. **2**
7. What does Manuel Ortiz think of this process? Give any three details. **3**
8. The last paragraph explains 'Spanglish'. What does it involve? Give any two details. **2**
9. How does Ricardo Macías's opinion differ? Give any two details. **2**
10. Looking at the text as a whole, what does the future of Spanish language growth in the USA look like overall? Justify your answer with references to the text. **2**

DON'T FORGET
Wath out for the different spellings: 'porque' = because; and 'por qué' (two words and with an accent) = why

VIDEO LINK
Head to www.brightredbooks.net for a clip about 'Spanglish'.

DON'T FORGET
Watch how you translate 'Los Estados Unidos' into English. In English, there is a tendency to translate 'the USA' to 'America' when, in fact, the USA is only a tiny part of the American continent. Argentinians and Venezuelians, for instance, are also American, because they live in the American continent.

ACTIVIDAD ESCUCHA: CNN REPORT

Listen to this CNN report on 'Spanglish' at www.brightredbooks.net, and say whether each statement below is true or false.

1. El portal Saber Hispano.com realizó una encuesta sobre el spanglish en diciembre.
2. El spanglish es básicamente la mezcla de palabras de español e inglés en la misma frase o la modificación de las palabras, castellanizando formas del inglés o dándoles forma del inglés a palabras del español.
3. Una amplia mayoría, el 72%, opina que el spanglish perjudica al español.
4. A los encuestados no le gustaría estudiar spanglish formalmente.
5. El 37.4% utiliza anglicismos (palabras que vienen del inglés).
6. El 31% usa el spanglish a menudo.
7. El 50% nunca usa el spanglish.
8. La encuesta se hizo solamente a personas que viven en los Estados Unidos.
9. La encuesta preguntaba si el spanglish se utiliza por falta de cultura, pereza, porque no se habla bien ni el inglés ni el español, o porque está de moda.
10. Los porcentajes en 'por qué la gente usa Spanglish' son correctos.
11. El 29.6% de las personas encuestadas pensaban que el spanglish es una falta de respeto.
12. El 28.5% de las personas encuestadas pensaban que utilizar el spanglish es de mala educación.
13. Las palabras del spanglish más usadas son: plis, nice, textear, party, love you, shopping, ok.
14. En Costa Rica se dice 'guachimán', que quiere decir, 'watch man', la persona que vigila los carros (coches) en un parking.
15. En Puerto Rico, 'troca' quiere decir 'swimming trunks'.

VIDEO LINK
Watch the CNN report to complete this activity at www.brightredbooks.net

ONLINE
Head to www.brightredbooks.net to listen to this track online and to read the lyrics.

THINGS TO DO AND THINK ABOUT

Escucha: 'Autobiografía'

Listen to Luis Enrique's song 'Autobiografía' in which he relates how he left Nicaragua for the USA. Look at the video online and read the lyrics on p. 120, and then answer these questions.

1. (verse 1) When did he leave Nicaragua? **2**
2. (verse 2) What did he do after arriving to the promised land? **4**
3. (chorus) How does he feel since he was 15? **2**
4. (chorus) What will he never forget? **4**
5. (verse 4) Regardless of where he lives, he will always feel at _____. **1**
6. (verse 5) What does he wish for his son? **1**
7. (verse 5) What does he wish for one day in the future? **1**

63

COURSE ASSESSMENT: TRANSLATION

THE TRANSLATION 1

WHAT IS THE TRANSLATION?

The translation is part of Paper 1. It is embedded in the reading passage and may seem a small part of the examination. However, it is worth ten marks out of the 30 marks of the reading paper. That represents 10% of the total mark for your whole Higher qualification, the same as each piece of writing and the presentation in the talking exam. It is very easy to throw marks away in the translation because you miss out small words or put the verb in the wrong tense.

Each translation is divided into five sense units when marked. Each unit is awarded a mark of 2, 1 or 0. If it is an acceptable translation which reads well the unit will be awarded 2. If it is in clumsy English it will be awarded 1 and if it is completely wrong it will be awarded 0. The translation should sound like something you would say in English. It if sounds wrong, it does not make sense or you don't understand the meaning of what you are writing, it is probably wrong.

TRANSLATING VERBS

Every unit to be translated is very likely to have at least one verb. It is very important that you translate the verb tenses correctly. Let's start by looking at the three conjugations or groups of verbs in Spanish.

ACTIVIDAD — GRAMMAR: CONJUGATING SPANISH VERBS

Write out the verbs below and what they mean.

vender	abrir	aprender	permitir	viajar	tomar	ver	reir
comprar	vivir	hablar	preguntar	escribir	acabar	necesitar	conducir
salir	cerrar	leer	empezar	poder	entender	esperar	pensar
hacer	pagar	llenar	ir	llorar	dormir	jugar	olvidar
prestar	querer	bailar	decir	encontrar	venir	comer	tener
fumar	recordar	beber	limpiar	saber	parecer	ayudar	nadar
elegir	merendar	contestar	perder	deber	conocer	gastar	pedir
cenar	nacer	escuchar	cumplir	dar	ser	correr	contar
poner	dejar	gustar	alquilar	seguir	durar	estar	coger
echar	divertirse	subir	enseñar	morir	bajar	creer	recibir
traer	firmar	cantar	romper	estudiar	caer	oir	dibujar
faltar	lavar	llegar	llevar	vestirse	mandar	llover	mirar

SPANISH VERB TENSES

Knowing the meaning of verbs will save you a lot of time checking the dictionary. However, if you are not sure, you should always double-check. The first step to providing an accurate translation is knowing the meaning of the verb; the second step is accurately translating the tense. You should expect to have five or six different verbs and tenses throughout the translation and it is paramount that you get the tenses right so as not to lose marks.

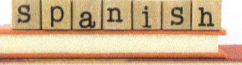

DON'T FORGET

The translation is not the same as the reading questions where you can paraphrase what the passage says or it is enough to get the gist. The translation measures your high-level thinking skills, so you must try to be very accurate in this section.

DON'T FORGET

Don't assume you know all the words in the translation. Always check in your dictionary if you are not sure. Getting the gist is great in reading and listening, but not in the translation, where you must be accurate!

ONLINE

Go online at www.brightredbooks.net and look at the 150 verbs you should know by heart if you are doing Higher Spanish.

DON'T FORGET

Check your answers on p. 24.

DON'T FORGET

In the Grammar section on pp. 97–102 you can revise how to conjugate these verbs.

Course Assessment: Translation: The translation 1

ACTIVIDAD 2 LEE: VERB TENSES

Try to match these different forms of the irregular verb *ir* (to go) with their translations.

1. **Iré** al cine el domingo.
2. Cuando **vaya** al cine, voy a inflarme de palomitas.
3. **He ido** al cine esta mañana.
4. Cuando era pequeño siempre **iba** al cine los sábados con mi hermano.
5. Ayer **fui** al cine.
6. **Iría** al cine si tuviera dinero.
7. Él **había ido** al cine y ya había visto la película.
8. Lo siento, no puedo hablar. Me estoy **yendo** al cine.
9. Él **se habrá ido** del cine cuando yo llegue.
10. Esta tarde **voy a ir** al cine.

a When I go to the cinema I'll stuff my face with popcorn.
b I'll go to the cinema on Sunday.
c I've been to the cinema this morning.
d I went to the cinema yesterday.
e He had been to the cinema and had already seen the film.
f When I was younger I used to go to the cinema with my brother on Saturdays.
g He will have gone from the cinema when I arrive.
h This evening I'm going to the cinema.
i I would go to the cinema if I had money.
j I'm sorry, I can't talk. I'm leaving to go to the cinema.

DON'T FORGET

At Higher level you are not expected to be able to use all these tenses when writing or talking, although they might come up when you are doing a reading exercise or the translation activity.

DON'T FORGET

Knowing the names of all of these verb tenses will help you to understand them; however, knowing the name of the tense is not essential to be able to translate them. You will learn more about all these tenses in the grammar section on pp. 97–102.

HOW TO APPROACH THE TRANSLATION 1

We will now look at some translations that have appeared in this book and discuss certain points to bear in mind. This activity continues on pages 66 and 67.

Translation 1

Joaquín y Merche se llevan bien con Gabi, son muy amables y no son nada estrictos. Sin embargo, como están tan ocupados, Gabi no tiene a nadie para hablar de sus problemas, y los padres no se dan cuenta que a Gabi le están haciendo bullying en el instituto. Lo que es peor, Gabi no puede aguantar más la situación, y decide acosar a su hermana pequeña.

You will already know the gist of the theme of the translation from the reading passage – the text to be translated will not appear at the beginning. It is advisable not to start off your paper with the translation, as translating out of context is usually more difficult. However, you do need to leave plenty of time to do yourself justice with the translation. Many students spend a lot of time on one- or two-mark questions and then rush the translation worth ten marks! You should read the whole translation quickly, or at least the first complete sentence, before you start to translate it.

In the first sentence, watch how you translate *no son nada estrictos*, and make sure you translate '*nada*': 'they are not strict *at all*/ they are not *at all* strict. Remember, in Spanish you would not be able to say: *no son estrictos nada*! In the second sentence, pay attention to the other negative word in *no tiene a nadie*.

ONLINE TEST

Head to www.brightredbooks.net to test yourself on the translation.

THINGS TO DO AND THINK ABOUT

Match up the affirmative sentences with their negative counterparts and the questions with their negative answers. Then translate each one.

1. ¿Ha llegado alguien?
2. ¿Te queda algo de dinero?
3. Yo también tengo vacaciones.
4. Eres muy amable, siempre sonríes.
5. ¿Has suspendido alguna asignatura?
6. Oye, ¿tienes algún libro mío?
7. En Málaga todo el mundo está de buen humor.
8. Tengo salud y amor, el dinero no importa.

a Yo tampoco tengo vacaciones.
b No, no he suspendido ninguna asignatura.
c No, no tengo ningún libro tuyo.
d No, no ha llegado nadie.
e No eres nada amable, y no sonríes nunca.
f Lo siento, no me queda nada de dinero.
g Pues yo no tengo ni amor ni dinero.
h En Edimburgo, a nadie le gusta el tiempo.

65

COURSE ASSESSMENT: TRANSLATION
THE TRANSLATION 2

DON'T FORGET
It is important that you translate these connectors accurately, as getting them wrong can change the meaning of a sentence.

HOW TO APPROACH THE TRANSLATION 2

Make sure you revise Spanish connectors such as *sin embargo* or *como*.

Translation 2

Sin embargo, como están tan ocupados, Gabi …

ACTIVIDAD 1 LEE: CONNECTORS

Let's brush up your Spanish translating skills by matching up the Spanish connectors with their most likely English translations.

1	porque/pues	6	a pesar de	a	therefore	g	however
2	sin embargo/no obstante	7	así mismo	b	likewise	h	meanwhile
		8	aunque	c	despite	i	because
3	además/también	9	mientras que	d	although	j	at the same time
4	por consiguiente	10	como	e	also	k	as
5	así que	11	al mismo tiempo	f	so		

Translation 3

*Y los padres **no se dan cuenta** que a Gabi le están haciendo bullying …*

ACTIVIDAD 2 LEE: EXPRESSIONS WITH *DAR*

It is important to know a good range of idiomatic expressions as, if they are not carefully translated, the English can sound clumsy. Try to match up the Spanish expressions with their English translations. You will almost certainly have to use either the internet or a dictionary to tackle this activity.

Part 1		Part 2	
1 dar a/hacia	a to welcome	1 dar la cara	a to rush
2 dar la espalda	b to shake hands	2 darse cuenta	b to stand out
3 dar un abrazo	c to say good morning	3 darse prisa	c to feel bad/(Latin America) to feel ashamed
4 dar la hora	d to face/to look out upon	4 dar lo mismo	d to shout
5 dar los buenos días	e to go for a walk/a stroll/(Latin America) a trip	5 dar la nota	e to take responsibility/to face the consequences
6 darse la mano	f to hug	6 dar asco	f to notice/to realise
7 dar la bienvenida	g to tell (someone) the time	7 dar gritos/voces	g can't stand/to find disgusting
8 dar un paseo/una vuelta	h to turn one's back (on someone)	8 dar pena	h to not mind
Part 3		**Part 4**	
1 dar por sentado	a to annoy	1 dar calabazas	a to make (someone) known
2 darse por vencido	b to think you are (handsome)	2 dar gato por liebre	b to give someone carte blanche
3 dar la lata/guerra	c to say thanks	3 dar largas	c to find
4 dárselas de (guapo)	d to agree	4 dar carta blanca	d to please
5 dar a luz	e to discharge	5 dar a conocer	e to trick/to rip off
6 dar las gracias	f to give up	6 dar en	f to postpone/to avoid
7 dar la razón	g to give birth	7 dar con	g to give (someone) the brush-off
8 dar de alta	h to take for granted	8 dar gusto	h to hit

contd

ACTIVIDAD TRADUCE: *DAR*

Translate the following sentences. Pay special attention to both the verb tenses and the idiomatic expressions with *dar*.

1. Cuando fuimos de vacaciones tuvimos mucha suerte porque dimos con un hotel precioso. El hotel tenía una vista muy bonita, porque daba a la plaza mayor. Solíamos ir a dar una vuelta por el casco antiguo todas las tardes.
2. Enrique se emborrachó y dio la nota en la fiesta, ya que se puso muy agresivo, empezó a decir tonterías y a dar gritos. Me daba mucha pena.
3. No aguanto los boquerones en vinagre. No me gustan nada, es más, me dan mucho asco.
4. Cuando mi hermano gemelo y yo éramos pequeños, siempre estábamos dando la lata a mi hermana.
5. Me encanta ir al pueblo de mis padres. Todo el mundo me da la bienvenida, me dan abrazos, y me dan los buenos días por la calle. ¡Así da gusto! En la capital la gente no te da ni la hora, es más, es difícil dar con alguien amable que te dé las gracias. ¡Qué rabia me da!
6. He quedado un par de veces con Rocío, pero creo que me está dando largas. No tengo suerte con las chicas, todas me dan calabazas.
7. Mi tía ha dado a luz a trillizos. Ha estado dos días en el hospital, pero ya le han dado el alta.
8. Aunque sea mi amigo, Roberto da por sentado que siempre le voy a dar la razón. Pues no lo debería dar por sentado porque no estoy de acuerdo con él en esta ocasión. No me da lo mismo, y no le voy a dar carta blanca en este asunto. Aunque se las dé de comprensivo, es muy intolerante.
9. Esa tienda me ha estafado: me han vendido una tableta que no funciona. Creo que me han dado gato por liebre. Pues no me voy a dar por vencida, no les voy a dar gritos, pero les voy a dar guerra hasta que me devuelvan el dinero.

Translation 4

*Lo que es **peor**, Gabi no puede aguantar más la situación …*

Let's remind ourselves of the comparative and superlative of adjectives. To form the comparative of adjectives (more/-er) Spanish normally uses the construction *más que*. However, there are irregular ones:

bueno – mejor – el mejor (good - better - the best)
malo – peor – el peor (bad – worse – the worst)
grande – mayor – el mayor/el más grande (big – bigger – the biggest)

pequeño – menor – el menor/el más pequeño (small – smaller – the smallest).

In the extract above *no … más* translates as 'no longer' or 'no more'.

THINGS TO DO AND THINK ABOUT

Translation 5

*Y los padres no se dan cuenta que a Guille **le** están haciendo bullying en el instituto.*

Something else to watch out for when translating are the direct and/or indirect object pronouns. In this case there is no need to translate *le* into English, as it would sound clumsy. However, there are other occasions where you have to pay special attention to direct object pronouns (*lo, los, la, las*); direct and indirect object pronouns (*me, te, nos, le, les*); and double object pronoun constructions (*me lo, te lo, se lo, nos lo*). It is important to watch the word order when translating, as in English the pronoun comes after the verb, but in Spanish it comes before.

*Los chicos compraron las pizzas, pero **se las** olvidaron en el coche.*

The guys bought the pizzas, but they left **them** in the car.

Find out more about pronouns in the Grammar section on p. 104.

ONLINE

Head to www.brightredbooks.net to find an extra activity on connectors.

ONLINE TEST

Head to www.brightredbooks.net to test yourself on this topic.

COURSE ASSESSMENT: TRANSLATION

THE TRANSLATION 3

HOW TO APPROACH THE TRANSLATION 3

Translation 5

Fíjese, Sor Lucía, que hay padres que son tan osados que quieren que sus hijos coman cada día, incluso hasta 3 comidas al día, pero, yo se lo pregunto porque, cuando hemos hablado con algunos responsables de bancos de alimentos, de ONG, con organizaciones, que están ahí dando la cara con gente que lo necesita, ha habido un salto cualitativo, dicen que antes venían muchos inmigrantes, y ahora viene gente de aquí, gente de aquí que se ha quedado sin trabajo, que no son inmigrantes, ¿usted ha notado eso también?

- You are probably very familiar with the present (*hablo*), imperfect (*hablaba*), preterite (*hablé*) and present continuous (*estoy hablando*) tenses but you also need to familiarise yourself with the present perfect (*he hablado*). To form this, you need the auxiliary verb *haber* (*yo he*; *tú has*; *él/ella/usted ha*; *nosotros hemos*; *vosotros habéis*; *ellos/ellas/ustedes han*) plus the past participle (*hablar* = *hablado*; *comer* = *comido*; *vivir* = *vivido*).

- *que quieren que sus hijos coman cada día*. This is a very difficult sentence to translate, and is more at Advanced Higher level. Remember this was taken from a real interview with Nun Sor Lucia, where she was defying the Spanish government by speaking up for the 3 million parents relying on food banks to feed their children, whilst the government was denying this. The reporter is using exaggeration for emphasis, his point being that parents were seen by the government as being bold because they wanted their children to eat three times a day. This structure requires the use of the present subjunctive. Remember that *sus hijos comen* is the normal form in the present tense, but after expressions of desire or doubt, the Spanish verb needs to be in the subjunctive mood. The present subjunctive is mostly translated by the present tense in English, so the translation should not pose any particular difficulties: 'there are parents who are so bold they want their children to eat every day, even three times a day'. See the Grammar section on p. 102 for more on the subjunctive.

- Here you have another idiomatic expression with dar: *dar la cara*.
  que están ahí dando la cara con gente que lo necesita: 'who are there, taking responsibility for people who need it. Note how the pronoun (*lo*/it) comes before the verb in Spanish but after the verb in English.

Translation 6

ACTIVIDAD   COLOR ESPERANZA, DIEGO TORRES

Songs are among the most difficult types of text to translate – it is tricky to capture the same shades of meaning in both languages. Have a go at translating the song below, but remember that you will never be asked to translate this kind of difficult philosophical language in the exam! Follow the pointers given and check your translation at the back of the book.

1. Sé que hay en tus ojos con solo mirar, que estás cansado de andar y de andar, y caminar, girando siempre en un lugar.
2. Sé que las ventanas se pueden abrir, cambiar el aire depende de ti, te ayudará, vale la pena una vez más.
3. Saber que se puede, querer que se pueda; quitarse los miedos, sacarlos afuera; pintarse la cara color esperanza; entrar al futuro con el corazón.
4. Es mejor perderse que nunca embarcar; mejor tentarse a dejar de intentar, aunque ya ves, que no es tan fácil empezar.
5. Sé que lo imposible se puede lograr, que la tristeza algún día se irá; y así será, la vida cambia y cambiará.

VIDEO LINK

Watch the video for the song online at www.brightredbooks.net

contd

- Don't confuse *sé* (I know, from the verb *saber*) with *se*, as used to express the passive in *se pueden abrir* (can be opened) or *se puede lograr* (can be done/achieved).

- Once again notice the use of the subjunctive in *saber que se puede, querer que se pueda*. This is a difficult construction as the passive voice is also used: 'knowing it can be done, wanting it to be done' and the verb *querer* (want) takes the subjunctive as it is expressing a desire (*quiero que te vayas* I want you to leave).

- You also have some examples of the future tense: *te ayudará* (it will help you); *y así será* (and it will be like that); *la vida cambia y cambiará* (life changes and will change)

- Keep an eye on the direct/indirect object pronouns: *quitarse los miedos, sacarlos afuera* (get rid of your fears, get them out). The pronouns can go before the verb or can be joined to the end of the verb: *los saco afuera* or *sacarlos afuera*.

Tarifa, España

THINGS TO DO AND THINK ABOUT

Now you can tackle the following translations. They are around the same length as those you will be asked to do in your final Higher examination. You have already worked with these texts throughout the book, as they have appeared in reading passages.

1. Yo aprendí muchas cosas del cáncer. El cáncer me dejo sin una pierna y sin medio pulmón pero la enfermedad me enseñó lo que vale luchar por vivir y lo importante que es la familia y los amigos para conseguir superar esta enfermedad. Fueron diez años de lucha por recuperarme. De la adolescencia pasé a la juventud.

2. Ciertamente la televisión puede entretener, pero yo pienso que también atonta a las masas. Hay muchos jóvenes que llegan a casa, se sientan enfrente de la caja tonta, y miran cualquier cosa que pongan. Muchos expertos opinan que hay que ver la televisión de una forma selectiva, y no simplemente cualquier cosa que haya porque estemos aburridos.

3. Como siempre, el gobierno penaliza y castiga con impuestos a las personas que menos dinero tienen, porque no se atreven a desafiar a las empresas privadas y subirles los impuestos a los dueños de las grandes corporaciones internacionales que dominan la producción mundial de comida y bebidas.

DON'T FORGET

Constructions with *se* to express the passive are frequent in Spanish and are used when it is not important to state who is doing the action. For example: *se vende* (for sale); *se dice que es la mejor pastelería del pueblo* (it is said to be/people say it is the best cake shop in town). In such cases *se* is used to convey an indefinite subject.

ONLINE TEST

Test yourself on this section at www.brightredbooks.net

COURSE ASSESSMENT: PERFORMANCE

TALKING ASSESSMENTS

Throughout the year at school, you will have many occasions to talk in Spanish with your classmates. All your work in speaking in the contexts of society, learning, employability and culture will come together for the Performance-Talking Assessment.

EXAM TALKING ASSESSMENT/PERFORMANCE

The talking part of your examination has a total mark allocation of 30 marks and will be completed before the start of your written examinations. It will be scaled so it counts towards 25% of your final result. Your performance will be either filmed or audio recorded. Your teacher will assess you and will pass on your grade to SQA. The conversation should be around ten minutes in length. It will start off with your teacher asking you some general questions, such as what you are studying, where you live, what you do in your free time or future plans. This will take up to two minutes. Then, the teacher will ask you questions on the two contexts of your choosing. For example, you may have told your teacher you want to talk about your leisure activities (society) and holidays (culture); or what you intend to study in the future (learning) and your part time job (employability). You will agree the contexts and topic(s) within each context with your teacher, although your teacher won't tell you the exact questions you might get asked.

You will be marked for content (to show you have thoughtful answers and go beyond minimal responses), accuracy, language resource (the quality of the language you use) and how you interact naturally with your teacher. Depending on your performance your teacher will award you pegged marks: 30 or 27; 24 or 21; 18 or 15; 12 or 9; 6 or 3; 0.

Go back to the learning section on p. 38 and listen again to Jeanne's, Giacomo's and Cole's discussions, in which they were talking about their school exchanges and gap year experiences. You can also listen again to Emily and Ben (p. 44). In their discussions, they began by talking about their childhoods and their conversations moved on to different topics such as travelling, living abroad, jobs and careers. Here are some more possible topics within the four contexts:

SOCIETY		
Family, friends, relationships; conflict; childhood; where you grew up, peer pressure in school.	Lifestyle – eating healthily, alcohol, smoking, drugs, stress; work/school/life balance; emotional health and well-being.	Technology – impact of the internet, phones; positive and negative aspects.

LEARNING	
School; studying modern languages; pressures at school; how one subject has changed your life.	Future career plans which involve going to college or university.

EMPLOYABILITY	
Part-time jobs, advantages and disadvantages, fitting everything in; what you will do next year; summer or weekend jobs; working abroad as an au pair in the summer.	Future plans – links with career, going to college or university, taking a gap year.

CULTURE		
Planning a trip – advantages and disadvantages of going with friends or with parents; taking part in a school exchange; different kinds of holidays.	Life abroad – cultural differences, climate, cuisine, routines; your experience if you have lived abroad; where you would like to live in the future.	Literature, film – the kind of books/films you like; why you like reading/watching films

TALKING EXEMPLARS: GETTING YOU TO REFLECT ON YOUR LANGUAGE SKILLS

This activity is formative in purpose. It will help you think about your own language skills in terms of content, accuracy, language resource and interaction, in order to prepare you for your own talking exam. You will need to have access to the SQA performance descriptors which you can view or download from the BrightRED Digital Zone. You will view three talking exemplars. You will have to give them a mark using the SQA performance descriptors and the questions below. Depending on your language skills, you may decide to do this activity only by watching the videos (as many times as you wish) or you may decide to print out the transcripts, and read them in advance of watching the videos. You could also take different approaches for the three different exemplars.

contd

Course Assessment: Performance: Talking assessments

Let's concentrate on content first

1. Go online and download the content table from the Digital Zone.

2. To start with, watch the first two minutes of each talking performance at a time, and jot down **in Spanish** the initial questions the teacher asks the students during the first two minutes of each performance. You will observe these questions help the students to 'settle in' and are very straight forward, allowing you to talk about yourself.

3. Secondly, watch the rest of each performance, writing down the contexts the students have chosen (society, learning, employability or culture) for each talking. Then narrow it down to the topics chosen within each context. Finally, stopping the films as much as necessary, write down **in Spanish** the questions the students were asked by the teacher.

4. Thirdly, design a mind map, writing down **in English** the key points the students make to answer each question. Stop/rewind the films as many times as necessary!

Accuracy and language resource

1. Download the three transcripts from the Digital Zone, print them, and have them in front of you as you re-watch the talking videos. Circle the mistakes you come across. As you are viewing/reading/listening to the videos, use the grammar section of this book (pages 94–105) as a reference and think about these questions.

> **DON'T FORGET**
>
> In order to get the five marks awarded for sustaining performance, you have to sound natural and not simply answer questions in a way that implies all your answers have been learned in advance. Although you can learn set replies, you must also be able to respond to unexpected questions in a natural way. Listen carefully to all the examples in this section to understand what we mean by sounding natural.

GRAMMATICAL ACCURACY AND LANGUAGE RESOURCE	
1. Are the pronunciation and intonation **readily or sufficient** to be understood by a Spanish speaker?	H silent? Pronunciation of vowels (a, e, i , o , u) Pronunciation of T/D?
2. Do the students immediately understand almost all of what the teacher says?	
3. Do the students use complex and detailed language?	(...) or do they use short sentences all the time?
4. Can the students use verbs correctly? 5. Do they use the correct ending? 6. Are the endings correct for all the verb 'persons'? (not just the I form of the verb)	Yo juego; A mí me gusta jugar; Ella juega; Nosotros jugamos; Ellos juegan
7. Can they use regular and irregular verbs in the present?	Yo como; yo bailo; yo juego;
8. Can they use a variety of tenses? (preterite, imperfect, future, conditional) or do they only use the present tense?	Yo juego; yo comí; yo comía; yo comeré
9. Do they try to use the subjunctive mood?	Cuando sea verano; cuando tenga veinte años; cuando vaya a España
10. Do they use the correct gender of nouns?	El problema, la solución
11. Can they use direct/indirect object pronouns?	Le dí el libro a mi amigo; Se lo dí
12. Do they handle adjectival agreement	Las matemáticas son divertidas
13. Do they use some Spanish language expressions or proverbs?	

2. As you were listening/viewing/reading these talking performances we have asked you to circle the mistakes you notice. Just in case you don't notice all of them, in the same online resource you will also find the three corrected versions to help you notice and reflect possible mistakes you may also make.

3. Have a highlighter to pick out sentences and language structures which you could use to talk about yourself.

THINGS TO DO AND THINK ABOUT

Taking into account the aspects outlined above, and with the marking criteria for content, accuracy and language resource you can download, try to give marks to the three talking exams. As you are listening/watching these performances, notice the smooth interaction between the teachers and students.

COURSE ASSESSMENT: PERFORMANCE

WHAT QUESTIONS COULD BE ASKED?

MODEL QUESTIONS AND ANSWERS

Here is a list of possible questions on the four contexts. Go through them and make sure you understand what they mean. Then pick a few and write answers for them. Show your answers to a classmate or your teacher.

1. Bueno, ya veo que tienes ganas de irte de casa. ¿Y cuáles son tus planes para el futuro entonces?

    Bueno, ahora tengo que concentrarme fuerte e hincar los codos durante dos meses para sacar buenas notas en mis exámenes de bachiller ...

2. ¿Qué exámenes de bachillerato tienes en mayo?

    En mayo tengo exámenes de ...

3. ¿Qué vas a hacer después de los exámenes?

    Después tengo la intención de ir a estudiar a la universidad.
    Cuando termine el insti quiero buscarme un trabajo. Me gustaría ser ...
    Me voy a tomar un año sabático

4. ¿Qué te gustaría estudiar?

    Me gustaría estudiar ...
    Voy a estudiar ...

    ¿Qué trabajo te gustaría hacer?

5. ¿Por qué te gustaría estudiar ...?
    ¿Por qué te gustaría ser ...?

6. ¿Qué haces en tu tiempo libre?
    ¿Cómo llevas los estudios?
    ¿Practicas algún deporte? ¿Eres una persona sana?
    ¿Qué haces para mantenerte en forma? ¿Tienes algún vicio?

7. Y, ¿te vas a quedar en casa o vuelas del nido?
    ¿Por qué prefieres vivir con tus amigos?
    ¿Por qué te quedas en casa?

8. Bueno, y, ¿qué vas a hacer para ganar dinero?
    ¿Tienes dinero ahorrado?

    ¿Trabajas? ¿Dónde?
    ¿Cuántas horas por semana? ¿Te gusta?
    ¿Puedes compaginar bien tu trabajo y el instituto?
    ¿Qué piensan tus padres de tu trabajo?

9. A ver, la universidad empieza en octubre. ¿Qué vas a hacer de mayo hasta octubre?
    ¿Y conoces a alguien? ¿Estás nervioso? ¿Por qué?

10. Y en el futuro, ¿piensas que seguirás estudiando un idioma?
    ¿Por qué piensas que hay tan poquitos jóvenes que estudian idiomas en Escocia?
    Y tú, ¿crees que es importante aprender otros idiomas?

11. ¿Te gustaría casarte en el futuro? ¿Tienes novio/a?
    ¿Qué cosas quieres hacer antes de casarte?

12. ¿Cual sería tu trabajo ideal?
    Para ti, ¿qué es más importante, cobrar mucho dinero o tener un trabajo interesante y estimulante?

13. Bueno, ahora vamos a relajarnos. Vamos a hablar de los lugares que has visitado y de tus vacaciones.
    ¿Cuál, o dónde, sería tu lugar ideal para pasar las vacaciones? ¿Por qué?
    Descríbeme las vacaciones de tus sueños.
    Si fueras a vivir al extranjero, ¿echarías de menos Escocia?
    ¿Cuál es el país que más te gusta? ¿Por qué?
    ¿Crees que es bueno para otros jóvenes visitar otros países?

14. Tocando un tema más político, ¿estás a favor de la Unión Europea?
    ¿Qué países europeos conoces?

ACTIVIDAD ESCUCHA: JULIE AND ROBERT'S TALKING EXAMS

A Listen to Julie and Robert speak about their hobbies and leisure, followed by conversations in which they go on to talk about their future plans.

First, listen to and read Julie's monologue and decide whether these statements are true or false. If you need to, you can check the meaning of the statements online.

1. Como Julie tiene exámenes, no tiene tiempo para los pasatiempos.
2. Julie juega al fútbol y le encanta cantar en el karaoke.
3. Julie toca dos instrumentos, el piano y la guitarra.
4. Julie toca el piano desde hace ocho años.
5. Las amistades de Julie y sus familiares le dicen que lo hace fatal (tocar el piano y la guitarra).
6. Julie intenta tener una dieta sana.
7. Cuando los amigos de Julie van a su casa, comen palomitas y pizza.
8. Julie piensa que la gente que fuma huele mal y los dedos se les ponen amarillos cuando fuman.

Course Assessment: Performance: What questions could be asked?

B   Now listen to Julie's conversation with her teacher and answer the questions below in English.

1   How old are Julie's brothers? — 2
2   What has she chosen to study? — 1
3   What link does she have with Jarnac in France? — 1
4   Why does Julie's aunt live in Spain? — 2
5   Why does she like Spanish culture? Give any three reasons. — 3
6   Give three advantages of taking a gap year. — 3
7   Give any two disadvantages of a sabbatical year. — 2
8   What are Julie's plans for the summer? — 2

C   Now listen to and read Robert's monologue and decide whether these statements are true or false. Check what the statements mean online if you need to.

1   Robert cree que no lleva una vida muy interesante porque entre semana no tiene mucho tiempo libre.
2   Después de comer, Robert se va a jugar al fútbol con sus amigos, y por la noche, ve series de la tele en su tableta.
3   El sábado y el domingo son los días favoritos de Robert porque puede hacer lo que más le gusta.
4   Robert intenta hacer los deberes durante la semana, para relajarse los fines de semana, por ejemplo, yendo al cine con sus amigos.
5   Robert no suele ver la tele, solo cuando hay rugby.
6   Robert no puede salir por la noche de marcha.

D   Now listen to Robert's conversation with his teacher, and answer the questions that follow in English.

1   Robert's teacher suggests that Robert is very bad at rugby. Why is this? — 2
2   What would be Robert's choice of home to live in? — 1
3   Give any four details to describe Robert's town. — 4
4   How does he get to Edinburgh? — 2
5   What has he chosen to study and why? — 2
6   What is his favourite subject at school and why? — 3
7   What is his dream? — 2
8   What would he like to mix? — 2

THINGS TO DO AND THINK ABOUT

Although there are some mistakes in Julie's and Robert's conversations, they did not need to be perfect to get full marks. These examples are given in order to show you the kind of preparation you will have to undertake for your talking performance and to give you an idea of how the conversation should develop and what natural elements it should contain.

If you read Robert's transcript you will see that some sentences have been used in texts in this book. Robert took sentences that he knew were correct and expressed roughly what he wanted to say from texts he had read or heard in class, and he recycled them for his talking/writing activities. This is a very good way of approaching writing and talking activities in a foreign language – starting everything from scratch can be quite demotivating for most language learners!

Castañuelas

DON'T FORGET

At Higher level, there might be occasions where you need to give more than one piece of information to get one mark. Here, for example, Julie is saying which subjects she is going to study at university. As these answers are very straightforward, you are not be given one mark for each subject. Instead, you need to provide the three pieces of information to get the one mark.

ONLINE

Find the listening tracks for this activity at www.brightredbooks.net

Churros con chocolate

La Plaza Mayor, Madrid

DON'T FORGET

Listen carefully and hear how Robert was not expecting his teacher to make this comment. Note how he understands the comment and reacts to it by laughing and with a simple *nooo* – this could be seen as a natural element of the conversation.

ONLINE TEST

Head to www.brightredbooks.net to test yourself on this section.

COURSE ASSESSMENT: WRITING

DIRECTED WRITING

WRITING IN HIGHER SPANISH

The Higher course has two different types of writing: Directed Writing and the Assignment-Writing. The Directed Writing forms part of Paper 1 and the Assignment-Writing has a formative learning aspect and is therefore done in class in the course of the Higher year. The writing skill is worth 25% of your overall mark in the course. Each piece (Directed Writing and Assignment-Writing) is worth 12.5% of the total exam. Both pieces are marked out of 20, and then scaled to 15 marks. It is worthwhile spending a lot of time developing your writing skills as getting a high mark in both pieces of writing can make a huge difference to your final grade.

The two pieces of writing are very different. The Directed Writing, as the name suggests, requires you to address six given bullet points to write about a particular scenario on one of the four contexts (Society, Learning, Employability, Culture). You will be given a choice of two scenarios in your exam. The Assignment-Writing, on the other hand, is much more open-ended and you will be given more scope to write a discursive essay about your own ideas. The Assignment-Writing will be carried out in class under exam conditions, but you will have access to sources such as grammar notes, vocabulary lists or your dictionary. Your teacher will give you feedback so you can improve your work before it is submitted to SQA. This is why this task is formative, as it helps you improve your writing skills. Go to the BrightRED Digital Zone to download the marking criteria for the Directed Writing. As per the talking, you will be marked in terms of content, accuracy and language resource.

Let's look at each piece of writing in turn.

> **DON'T FORGET**
>
> You must address all the bullet points in the Directed Writing. If you leave one bullet point out, the maximum mark you can get is 16/20; if you leave two bullet points out, the maximum mark awarded will be 12/20; if you miss out three or more bullet points, you will score 0/20. It is not worth taking the risk! You can find more information about Directed Writings in this book in pages 74–85.

DIRECTED WRITING: AN OVERVIEW

The Directed Writing task will test your ability to write accurately in the past tense. In the final exam you will be given the choice of two scenarios, taken from the four contexts of Society, Employability, Culture and Learning. The scenarios will be set in a Spanish-speaking country, and will have six bullet points. You must address all six bullet points and write between 150 and 180 words.

The first bullet point will ask you for two different pieces of information, for example, where you went and how you travelled. You must address both parts of the bullet point. The other bullet points will most likely make you use the preterite (what you did) and imperfect (what you used to do) tenses, as well as the future (how the experience will help you in the future) or conditional (whether you would recommend such an experience) tenses.

Example: Scenario 1: Culture

While in Spain or Latin America, you took part in a local festival. You have been asked to write about your experience in Spanish for the language section of your school/college website.

You **must include** the following information and **you should try to add** other relevant details:
1. how you travelled **and** what the journey was like
2. what the accommodation was like
3. what you enjoyed most about the festival
4. what else you did during your stay
5. what you thought of the way of life there
6. if you would recommend such an experience to others

Buenos Aires, Argentina

contd

Course Assessment: Writing: Directed writing

Example: Scenario 2: Employability

Last summer you went to work as an au pair in Spain or Latin America. During your stay you also attended a Spanish school and visited several places of interest. You have been asked to write about your experience in Spanish for a local paper.

You **must include** the following information and **you should try to add** other relevant details:
1. where exactly you went **and** how you travelled there
2. how you got on with the family/children who hosted you
3. what you had to do as an au pair
4. what you thought about the places you visited
5. how you spent your evenings
6. how you think this experience will help you in the future

El Camino de Santiago

ACTIVIDAD — TRADUCE: PREPARING FOR BULLET POINT 1

Translate these useful phrases and use them to help you prepare for bullet point 1 of the Directed Writing task. If you take one sentence from each of 1 to 8 you will have your introduction to the writing plus the first bullet point (where you went/how you travelled/what the journey was like).

1. El año pasado/Las vacaciones de Semana Santa del año pasado/Hace dos veranos/El verano pasado/en julio …
2. Fui/fuimos …
3. Con mi familia/(y) con mis amigos/con mis compañeros de instituto/solo/con mi hermano/con mi padre/con mi padre y mi madre y mi buen amigo/a (Rafael/Laura)
4.
    - a España/a Argentina/a Chile/a Bolivia/concretamente a Málaga/Madrid/Sevilla/ Buenos Aires/ Valparaíso/La Paz:
    - una ciudad que está situada en el sur, al lado del mar/justo en el centro de la península, por esto hace mucho calor en verano
    - en el sur/ a dos horas del mar/ al lado del rio Guadalquivir
    - la capital de Argentina, una ciudad muy bonita en el Océano Atlántico/una ciudad muy pintoresca a orillas del Océano Pacífico/una ciudad muy impresionante.
5. Fui/fuimos de vacaciones/para hacer prácticas de trabajo en (un hotel/un restaurante/una escuela)/para visitar a mi amigo por correspondencia/para trabajar como (au pair/asistente de idiomas)/ para ir a una fiesta muy conocida/a un festival muy conocido.

    Fui/fuimos una semana/diez días/dos semanas/un mes/todas las vacaciones de verano.
6. Viajé/ Viajamos en avión/avión y tren/avión y después un coche alquilado/avión y nos vinieron/me vinieron a buscar al aeropuerto.
7. El viaje se me/nos hizo muy corto/largo ya que/porque

    Escuché música y vi un par de películas en mi tableta/charlé con mis amigos/mi familia/leí un buen libro/comí un bocadillo de tortilla de patatas.

    En general no me gustan los aviones/había alguien roncando sentado a mi lado/no tenía nada que hacer/(ni) no tenia nadie con quien hablar.
8. El viaje fue un poco difícil/rollo porque

    Era un viaje muy largo/el viaje duró doce horas/hubo turbulencias/se retrasó cinco horas/los asientos eran muy incómodos.

THINGS TO DO AND THINK ABOUT

Write two sentences with *no*: *No tenía nada que hacer. No tenía nadie con quien hablar.* Now link them like this: *No tenía nada que hacer ni nadie con quien hablar.* Practise with a few more pairs of sentences.

DON'T FORGET

Por and *para* can be tricky to use. If you don't remember how to use them, or get confused, remember that you don't need to use *por* or *para* when talking about the period of time you spent abroad: *fuimos una semana* – we went for a week. For more on *por* and *para*, visit the Grammar section on page 104.

ONLINE TEST

Test your knowledge online at www.brightredbooks.net

ONLINE

Head to www.brightredbooks.net to find the answers to the activities throughout this guide.

COURSE ASSESSMENT: WRITING

TACKLING THE BULLET POINTS 1

USEFUL PHRASES

Read/listen to the following phrases which could be useful for bullet point 3 of the Culture scenario (what you enjoyed most about the festival), or, with a few tweaks, for bullet point 5 (what you thought of the Spanish way of life) or bullet point 4 in the Employability scenario (what you thought of the places you visited). Translate them and check your answers at the back of the book. Once you find out more about Spanish and Hispanic traditions and festivals, you will be able to tailor your Directed Writing. Here, however, you have some generic sentences which can be easily adapted to several situations.

1 Me encantó el festival porque había muy buen ambiente y la gente era muy agradable. Se respiraba un aire alegre todo el tiempo, y la música y el baile eran fenomenales.

2 Del mismo modo, como me encanta descubrir tradiciones nuevas y ver otras maneras distintas de pasárselo bien o celebrar tradiciones distintas a la mía, pues me pareció muy interesante todo lo que vi.

3 Me lo pasé muy bien en el festival porque hice nuevos amigos, y tuve la oportunidad de charlar con ellos en español.

4 *Me puse las botas* probando comidas muy diferentes, lo que más me gustó fue/fueron (las tapas/los pinchos/la carne/el asado/el pescado/el marisco/el ceviche/el pisco/la paella/la sangría)

5 En el festival me lo pasé en grande escuchando a los distintos grupos de música y bailando. Aprendí a bailar (sevillanas/salsa/merengue/bachata/tango/flamenco/bulerías/kizomba)

6 Me encantó visitar el país, porque me encanta el buen tiempo e ir a la playa, y los paisajes eran impresionantes.

Glossary

Me puse las botas = I stuffed myself

Now, in sentence 1, change *el festival* for *la manera de ser en España/en Argentina*. In sentences 3 and 5 change *el festival* for *España/Argentina*. With these minor tweaks these six sentences have become much more versatile, as you could use them to address several different bullet points. The key to success is to make just a few changes to language you already know rather than making up a whole new Directed Writing on the day of your exam!

Paella

ONLINE

Learn more about Spanish festivals and test yourself by following the links at www.brightredbooks.net

DON'T FORGET

Make sure you know what the dances in sentence 5 are!

EXAMPLE SCENARIO 1: CULTURE

While in Spain/Latin America, you took part in a local festival. You have been asked to write about your experience in Spanish for the language section of your school/college website.

This scenario gives you the opportunity to write about your experiences while on holiday in a Spanish-speaking country. If you have not visited a Spanish-speaking country and/or have no knowledge of typical festivals, then look at the map of Spain and Latin America on p. 78 and research festivals at www.brightredbooks.net

Bullet point 1: How you travelled and what the journey was like

You will have prepared for this bullet point as it is very similar for all four scenarios. It is the introduction to your Directed Writing and your answer should mention when you went and why, where you stayed, how you travelled and what your journey was like. You saw possible sentences for this in the previous section. Here is an example of what you might write:

contd

Course Assessment: Writing: Tackling the bullet points 1

Example:

El año pasado fui de vacaciones con mi familia al norte de España, a Cataluña. Fuimos diez días y pasamos cinco días en un hotel en Barcelona y otros cinco días en un camping. Nos gusta ir a España de vacaciones porque nos gusta la cultura, la comida, el buen tiempo y el idioma. Barcelona es una ciudad maravillosa y visitamos muchas obras de arte relacionadas con Gaudí. Viajamos en avión desde Glasgow hasta Barcelona. El viaje fue corto, duró unas tres horas. La verdad es que no se me hizo pesado porque me lo pasé charlando con mis hermanos, escuchando música y leyendo un poco.

Parc Güell, Barcelona, España

ACTIVIDAD: LEE, ESCUCHA: FILL IN THE GAPS

Now look at another example of what you might write for bullet point 1 and fill in each gap using a word from the box:

Durante la vacaciones de **1**_____ del año pasado fui a Latinoamérica con mi familia y mi **2**_____ Alicia. Fuimos casi dos **3**_____ a México, que es un país maravilloso, muy bonito e **4**_____. La gente era un **5**_____. Nos quedamos todo el tiempo en un hotel **6**_____ la playa. Nos gusta mucho viajar, mis padres dicen que es la mejor manera de luchar contra los estereotipos. **7**_____ en avión, y el vuelo duró ocho horas. La verdad es que el vuelo se me hizo un poco **8**_____, aunque dormí muchísimo durante el viaje. También **9**_____ con mi amiga Alicia y **10**_____ dos o tres películas. Tenía mucha ilusión de ir a México cultura porque me habían hablado mucho de la mexicana.

El Día de los Muertos, México

| interesante | pesado | Semana Santa | viajamos | vimos |
| encanto | amiga | al lado de | hablé | semanas |

Bullet point 2: What the accommodation was like

The following sentences will give you ideas of the sort of language you can use in Spanish to tackle this bullet point about what your accommodation was like, as well as the second bullet point of the example given of Employability (how you got on with the family).

Example:

Nos quedamos en una casa maravillosa, había aire acondicionado así que no hacía mucho calor. ¡Los escoceses no estamos acostumbrados al calor! Todo estaba muy limpio, y ordenado. La casa era pequeña, pero tenía mi propia habitación. Me encantó conocer a los vecinos, porque eran muy amables. Me llevé muy bien con la familia con la que me quedé porque eran muy majos. Creo que he tenido mucha suerte, porque siempre he conocido a muy buena gente en todos mis viajes. Los chicos eran un encanto, y era muy fácil llevarse bien con ellos.

ACTIVIDAD 2: LEE: FILL IN THE GAPS

When reading this, it will appear that you had a good time in this trip. Now, using the suggested words below, transform your account of the experience in a more negative one. You might want to put some sentences in the negative as well.

| horrible | sucio | desordenado | grande | estrictos | desagradables |
| poco simpáticos | mala suerte | mala gente | horror | muy pesados | difícil |

THINGS TO DO AND THINK ABOUT

Using the phrases given on p. 76 as well as the two examples above, write your own first bullet point for the Culture and Employability scenarios and then show them to your teacher.

77

COURSE ASSESSMENT: WRITING
TACKLING THE BULLET POINTS 2

BULLET POINT 3: WHAT YOU ENJOYED MOST ABOUT THE FESTIVAL

This is your opportunity to show off your knowledge about Spanish/Latin American festivals, culture and traditions. Have a look at these examples:

Example:

Durante nuestra estancia en Barcelona vimos el festival de 'Sant Jordi'. Es una fiesta muy bonita y todo el mundo se suele regalar una rosa y un libro. Me explicaron que se regalan libros para celebrar los aniversarios de las muertes de Shakespeare y Cervantes. Lo que más me gustó fue pasear por las Ramblas y ver el ambiente que había en las calles. Por otro lado, como es normal, también me gustó mucho salir a comer tapas, ir a la playa y pasear por la ciudad. Durante nuestra estancia también fuimos a ver la Basílica de la Sagrada Familia y el Parque Güell.

Example:

Cuando fuimos a México en Semana Santa se celebraba el Día de los Muertos. Es una gran fiesta, muy antigua, y no es triste. La gente se reúne para decir cosas buenas sobre sus familiares muertos y para recordarlos. También visitan los cementerios por las noches. Lo que más me gustó fue una gran fiesta de disfraces en el hotel donde nos quedamos. Todo estaba decorado con muchas flores de muchos colores. Me gustaron mucho la música y la comida. Conocí a gente muy simpática y hablé mucho con ellos sobre la tradición del Día de los Muertos.

ACTIVIDAD — ESCRIBE: THE THIRD BULLET POINT

Look again at the phrases given on p. 76 (1–6) as well as the examples on p. 77. Choose the phrases you feel most comfortable using and then write your own text for the third bullet point "what you enjoyed most about the festival" (p. 74).

TACKLING THE REST

Let's have a look now at how to tackle the rest of the bullet points for the Culture and Employability scenarios.

Culture

1 What else you did during your stay
2 What you thought of the way of life there
3 If you would recommend such an experience to others

Employability

4 What you thought of the places you visited
5 How you spent your evenings
6 How you think this experience will help you in the future

DON'T FORGET

When you have finished your Directed Writing task, take the time to go back and check it carefully, making sure there are no errors.

78

contd

Course Assessment: Writing: Tackling the bullet points 2

If you look back at the 'Useful phrases' section on p. 76 you will find plenty of phrases that you could use to address the 'what else you did during your stay in Spain/Latin America' bullet point. Have a look at the example below of what you might write for bullet points 1, 2 and 3. Highlight the part belonging to bullet points 1, 2 and 3 with different colours.

Example:

Durante mi estancia en Cuba, visité toda la isla. Fui a La Habana y a Santiago. La arquitectura es muy impresionante y los paisajes son de ensueño. Como estuve allí dos semanas, decidí hacer un curso para aprender a bailar salsa, y así, de paso, mejoraba mi nivel de español. En Cuba, el agua del océano es muy cristalina, y fui a bucear varias veces. También fuimos a comer a muchos restaurantes de pescado, ya que el marisco es la especialidad allí. En general, me encantó el estilo de vida allí. La gente era muy simpática y se lo tomaban todo con mucha filosofía. Las relaciones familiares son muy importantes, y los valores como el respeto también. Me dí cuenta que no hay el estrés que tenemos a veces en Escocia. A mi familia y a mí nos encantó la bienvenida tan cálida de los cubanos. Recomendaría un viaje así a Cuba porque te lo puedes pasar muy bien, por el buen clima, la comida, y por supuesto, por lo más importante, su gente. Cuando tenga más dinero voy a volver, sin duda alguna.

Now look at this example of what you could write to tackle bullet points 4, 5 and 6.

Example:

Ser un chico/una chica 'au pair' es una experiencia maravillosa, pero te tienen que gustar los niños pequeños. Yo me quedé en la casa de los Serrano, una familia grande: en casa vivían los abuelos, los padres y tres hijos de 5 a 9 años. El más pequeño, Jesús, era muy cabezota, y siempre estaba incordiando a Alex y a Marta. En casa, tenía que ayudarles con los deberes y darles clase de inglés. A veces también tenía que planchar e incluso ayudar a cocinar. El trabajo estaba bien pagado, y la familia era encantadora. Por las tardes y las noches tenía mucho tiempo libre. Como me sentía tan bien con Los Serrano la mayor parte del tiempo me quedaba en casa con ellos, charlando, o viendo la tele, o ayudando con la cena. Sin embargo, otras veces salía con otros amigos que hice porque también trabajaban como 'au pair'. Solíamos ir de paseo, o a algún concierto, o al cine. Esta experiencia me ha permitido mejorar mis conocimientos del idioma. Creo que, cuando vaya a buscar trabajo en Escocia, me será más fácil, porque viviendo algún tiempo en el extranjero se aprenden algunas destrezas distintas de las que se aprenden trabajando y estudiando en tu propio país.

The Directed Writing task requires you to handle verbs with a certain ease. The introduction is very likely to be in the past tense, as you are describing where you went/ how you got there and so on. Equally, when describing what you did while you were in Spain/Latin America, you will have to handle a mix of the preterite (what you did) and imperfect (what you used to do) tenses. The last bullet point asks you to state whether you would recommend such an experience (*recomendaría* is the conditional tense) or how it might help you in the future, hence you need the future tense (*esta experiencia me ayudará en el futuro ...*).

THINGS TO DO AND THINK ABOUT

Using the above examples to help you, translate the following phrases into Spanish.

1 During my stay in Spain, I visited the whole country. (Watch out, as *el país* is masculine.)
2 The food was very impressive and the beaches were a dream.
3 As I was there for a month, I decided to do a course to learn cooking, and that way I improved my Spanish.
4 I'd recommend such a trip to Madrid, as you could have a very good time thanks to its food, the monuments and, of course, the weather.
5 Without a doubt I will be going back when I'm older (*cuando sea mayor*).
6 The youngest son was very nice, but the oldest daughter was very stubborn.
7 At home I had to help out with the cleaning.
8 The job wasn't well paid and the family wasn't nice.
9 I think that when I look for a job in Scotland it will be easier, because this experience has allowed me to improve my Spanish.

DON'T FORGET

To learn more about the future and conditional tenses, visit the grammar section on pp. 100–101.

ONLINE TEST

Head to www.brightredbooks.net to test yourself on this topic.

ONLINE

For practice with writing to exam level, follow the link at www.brightredbooks.net to try out past papers.

COURSE ASSESSMENT: WRITING
TACKLING THE BULLET POINTS 3

DON'T FORGET

To learn more about the future and conditional tenses, visit the grammar section on p. 100.

Espeto de sardinas

ACTIVIDAD 1 LEE: FILL IN THE BLANKS

Here you have chunks of Directed Writing where the verbs have been omitted. Fill in each gap with the correct verb from the box. This should help you practice getting verbs right, as you will lose marks if you make mistakes with tenses or verb endings. Listen to the recording afterwards to check your answers. Alternatively, if you think you need to brush up on your knowledge of verbs, you could approach this activity as a listening exercise.

A La Semana Santa pasada 1_____ en avión a Málaga, en el sur de España, a 2_____ dos semanas con Luisa, mi amiga por correspondencia. 3_____ vuelo directo de Edimburgo a Málaga, así que 4_____ muy cómodo. El viaje 5_____ tres horas y media. Durante el viaje 6_____, 7_____ una película en mi tableta e 8_____ dormirme y 9_____ un poco. Cuando 10_____ al aeropuerto de Málaga, mi amiga y su padre me 11_____ y 12_____ en coche a su casa. 13_____ a su madre y a su hermana menor, María, que 14_____ doce años. Todos 15_____ muy simpáticos y me 16_____ bien con la familia. La casa 17_____ bastante grande, con un jardín enorme y una piscina y me encantó 18_____ dormitorio con Luisa porque nos 19_____ charlando hasta tarde y es súper divertida. El padre de Luisa 20_____ muy bien. A mí me 21_____ la comida española porque 22_____ muy rica, sobre todo las tapas y el 'pescaíto frito'.

Hay	vi	relajarme	duró	fuimos	intenté	cocinaba
llegué	fui	eran	recogieron	tiene	llevé	fue
pasar	leí	está	Conocí	era	compartir	
quedábamos	encanta					

VIDEO LINK

Head to www.brightredbooks.net to see a Saeta and a video of La Semana Santa in Malaga.

B La Semana Santa 1_____ _____ mucho en el sur de España. En Málaga 2_____ impresionante. No 3_____ ni idea de que 4_____ tan grande. 5_____ procesiones de santos todos los días, los legionarios 6_____ por la calle, y la gente 7_____ saetas. Es una tradición que 8_____ chocar a los turistas, pero merece la pena visitar el sur de España en Semana Santa. A mí me 9_____ mucho por el ambiente de reflexión, y me alegro de 10_____.

| tenía | Hay | gustó | cantan | canta | fuera | es |
| se vive | puede | haber ido | | | | |

C Por las mañanas 1_____ un curso de español en una academia del centro. Me 2_____ mucho 3_____ a la escuela para 4_____ español con otros jóvenes. Es más interesante aprender lenguas 5_____ en el país que sentado en clase en el instituto. Creo que en esas dos semanas 6_____ mucho mi nivel de español, ya que, además de las clases, 7_____ _____ con todo el mundo todo el tiempo. En la escuela 8_____ a otros chicos de todo el mundo muy interesantes. Después de clase, 9_____ _____ _____ tapas con ellos. Los fines de semana 10_____ a veces con los amigos de Luisa a la playa o a cafés donde 11_____ mucho. También 12_____ excursiones con la familia. Me 13_____ a Granada y a Sierra Nevada. ¡Qué bonito!

| ir | mejoré | gustó | iba | aprender | hice | podía hablar |
| conocí | viviendo | charlábamos | llevaron | hacía | salía a tomar | |

contd

80

Course Assessment: Writing: Tackling the bullet points 3

D La segunda semana, por las tardes, **1**_____ prácticas de trabajo **2**_____ al padre de Luisa en su inmobiliaria. Él trabaja **3**_____ pisos. Yo le **4**_____ **5**_____ e-mails y **6**_____ el teléfono, ya que **7**_____ muchos clientes que solo **8**_____ inglés.

contestando   había   ayudando   escribiendo   vendiendo
hablaban   hice   ayudaba

E El último fin de semana **1**_____ a un camping cerca de Málaga. **2**_____ sol todos los días pero a veces hizo demasiado calor para mí. Luisa y yo **3**_____ al tenis y **4**_____ muy divertido, pero no me **5**_____ _____ la noche en una tienda de campaña porque **6**_____ miedo a los mosquitos.

tengo   jugábamos   gustó pasar   fue   fuimos   Hizo

F En el futuro, **1**_____ _____ _____ a Málaga a pasar más tiempo con Luisa y su familia porque **2**_____ _____ mi nivel de español y me lo **3**_____ _____ bomba. Cuando **4**_____ mayor y **5**_____ más dinero, **6**_____ _____ _____ un verano allí. Creo que esta experiencia me **7**_____ _____ a madurar, y a **8**_____ un poco más independiente.

ser   sea   me gustaría volver   he pasado   he mejorado
tenga   voy a pasar   ha ayudado

💭 THINGS TO DO AND THINK ABOUT

Go through all the chunks of text in this section and, with four different highlighters, try to work out which phrases you could use for the four different scenarios. For example, the piece on *Semana Santa* would be a good fit for the festival/tradition topic in Culture; the piece on work experience would be suitable for Employability; there is another text about going to a Spanish school (Learning) and the whole passage has the theme of staying with a family (Society).

➕ DON'T FORGET

You can do this activity as a reading or a listening task.

➡ ONLINE

Go to www.brightredbooks.net to watch the different videos about *Semana Santa*.

✔ ONLINE TEST

Head to www.brightredbooks.net to test yourself on this toipic.

COURSE ASSESSMENT: WRITING

TACKLING THE BULLET POINTS 4

ACTIVIDAD 1 LEE: MATCH-UP 1

Here you have 20 paragraphs of Spanish text that can be grouped under the four possible scenarios for the Directed Writing task. First, scan read the Spanish (a–u) and try to match each one with the correct statement in English (1–12). Then have a go at translating each one.

DON'T FORGET

You must write something for all six bullet points. If you leave one bullet point out, the maximum mark awarded will be 16/20; if you leave out two bullet points, the maximum mark awarded will be 12/20; if you miss out three or more bullet points, you will score 0/20.

a Cuando sea mayor me gustaría seguir en contacto con los amigos que he hecho en España, porque cuando tenga dinero me gustaría volver a visitarlos. Además es muy fácil hablar con ellos por Skype.

b Para ayudar en casa, tenía que cuidar de los chicos pequeños, llevarles a la escuela y ayudarles con los deberes. También tenía que ayudar en el jardín, y a poner la mesa o fregar los platos. Del mismo modo, tenía que limpiar mi dormitorio.

c La familia con la que me quedé vivía en Madrid, en un barrio muy céntrico. Imagínate, estaba al lado de la Plaza del Sol, y del Oso y el Madroño. Llegue en avión al aeropuerto de Barajas, y la familia vino a buscarme allí, y nos volvimos a casa en metro.

d La familia con la que me quedé era un encanto. Todos eran muy simpáticos, amables y abiertos. Me hablaban despacio para que yo comprendiera. Creo que tenían buen sentido del humor, y en especial me llevé muy bien con Paco, un chico de mi edad.

e Recomendaría una visita como esta porque Argentina es un país muy bonito y con algunas atracciones turísticas impresionantes. Me encantó visitar las cataratas de Iguazú, el Perito Moreno, caminar por el Chaltén, Tierra de Fuego, y aprender tango en Buenos Aires.

f Durante mi estancia en Sevilla estuve trabajando en un hotel. Mi trabajo era muy variado. A veces tenía que estar en la recepción, contestando al teléfono. Otras veces tenía que ir al aeropuerto a buscar a clientes y otras veces tenía que ayudar a servir las mesas.

g El festival de cine de Barcelona era impresionante. Me gustó ir a tantas películas, y ver muchas de ellas al aire libre. Me gustó ir a las charlas de los actores y los directores porque soy un fan del cine internacional.

contd

Course Assessment: Writing: Tackling the bullet points 4

h Para mejorar mi nivel de español iba todas las mañanas a una escuela. También aprendí mucho hablando con la familia y con los amigos nuevos que hice en la escuela y yendo a practicar deportes. Por último el ver la tele y escuchar la radio me ayudó bastante.

i El hotel donde trabajaba estaba en la Costa de la Luz, en Tarifa. Era un hotel muy alternativo, para hippies y para jóvenes a los que les guste hacer surf. El hotel tenía 50 habitaciones y estaba muy cerca del mar y de un pinar. Se podía ir andando a la playa desde el hotel, me encantaba ir a hacer surf en mis ratos libres.

j Con respecto a lo que disfruté y a lo que me gustó menos, pues es muy fácil: me encantó todo, la forma de ser de los hispanos, el tiempo tan bueno, la vida en el exterior, hablar español y conocer a tanta gente. Lo que me gustó menos es que a veces eché de menos a mi familia y a mis amigos.

k El año pasado fui de intercambio escolar a Madrid, la capital de España. Madrid está justo en el centro de la península Ibérica. De hecho, el kilómetro 0 de las carreteras se encuentra en el centro de Madrid. Es muy fácil llegar a Madrid, porque hay vuelos directos todos los días desde Edimburgo hasta Madrid. Así que llegué en 3 horas a Madrid, y después fui en tren y metro hasta la casa de mi familia de acogida.

l Me encantó ir a una escuela en España. Aprendí mucho y conocí a mucha gente nueva, aunque la mayoría eran extranjeros como yo. Por esto, a veces era un poco más difícil conocer en la escuela a chicos españoles de mi edad. Sin embargo, como los españoles son muy sociables, siempre conocía a otras personas cuando salía de marcha.

1. How you got on with the family you stayed with.
2. What you did to improve your Spanish.
3. What you had to do every day in the hotel.
4. What you liked/disliked about going to a Spanish school.
5. What you enjoyed/did not enjoy about your trip.
6. If you intend to keep in touch with your new friends.
7. How you helped around the house.
8. What you enjoyed most about the festival.
9. Where the hotel you worked was located and what was it like.
10. Where in Spain the family lived and how you travelled there.
11. Whether you would recommend the places you visited to others.
12. Where exactly you went and how you travelled there.

DON'T FORGET

Look at the use of *desde* and *hasta* – 'from' and 'to' in the sentence 'desde Edimburgo hasta Madrid'.

DON'T FORGET

Take note of any interesting vocabulary that you would like to use in your own writing.

ONLINE

Head to www.brightredbooks.net to find the answers to the activities throughout this guide.

ONLINE TEST

Test yourself on this topic at www.brightredbooks.net

THINGS TO DO AND THINK ABOUT

Go online to the SQA website (www.sqa.org.uk). Head to the past papers section and look for last year's Higher Spanish paper. Write up both Directed Writings, using/recycling sentences a–l.

COURSE ASSESSMENT: WRITING
TACKLING THE BULLET POINTS 5

ACTIVIDAD 1 LEE: MATCH-UP 2

Read each Spanish paragraph (a–j) and match it to the correct English statement (1–10).

a Sin lugar a dudas, yo recomendaría vivir con otra familia en el extranjero por muchas razones. Para empezar, es más fácil que ir solo, y así se hacen amigos más rápido. Por otro lado, se aprende mucho al vivir con una familia y se mejora mucho el nivel de español.

b Durante mi estancia en Chile, también tuve la oportunidad de hacer un poco de turismo y de aprender un poco más sobre la historia del país. Como tenía bastante tiempo libre decidí aprender a hacer submarinismo, así que hice un curso allí.

c En mi tiempo libre solía hacer muchas cosas. Lo primero era ir a la playa, para ponerme moreno/a, y para disfrutar del buen tiempo. Lo segundo era salir por la noche a tapear para descubrir la ciudad con mis amigos españoles y para practicar hablando.

d Los fines de semana solíamos subir a la montaña, a Sierra Nevada, para esquiar. Nos quedábamos en una cabaña, y era muy divertido. Otros fines de semana, bajábamos hasta la costa en coche, para ir a la playa, o íbamos a parajes naturales para hacer rutas a pie.

e Creo que esta experiencia va a ayudarme en el futuro por varias razones: en primer lugar me viene muy bien para el currículum vitae, en segundo lugar he mejorado mi nivel de español, y en tercer lugar he hecho muy buenos amigos. Cuando vaya de vacaciones a España voy a visitarlos de nuevo.

f Lo mejor del trabajo era el buen ambiente que había entre los compañeros de trabajo. Nos lo pasábamos bomba trabajando, y yéndonos de marcha después del trabajo. Lo peor es que en España se trabaja mucho, y las jornadas de trabajo eran a veces de 15 horas. Además, el sueldo era muy bajo.

g Recomendaría una experiencia como esta porque creo que viajar abre mucho la mente a los jóvenes. Viajando uno se da cuenta de que hay más maneras de entender y hacer las cosas. Del mismo modo, creo que se mejoran los conocimientos del idioma y se hacen buenos amigos. Viajando se aprende de una manera más divertida.

h Con respecto a la cuestión sobre las diferencias entre Escocia y España, pues creo que hay varias. Para empezar, como hay buen tiempo, la gente pasa más tiempo en el exterior. Creo que son más religiosos, y que la familia es muy importante para los hispanos. Ah, y la comida es súper importante, y el fútbol.

i El año pasado fui de vacaciones al sur de España, a Huelva, una semana con mi familia y dos amigos. Huelva es una ciudad maravillosa, al lado del mar, en el sur de España, y al lado de Portugal. Viajamos en avión desde Glasgow hasta Madrid, y después de Madrid a Sevilla en tren. En Sevilla alquilamos un coche para ir hasta Huelva. El viaje fue un poco largo pero me lo pasé bien charlando con mi hermano y mis amigos. Me encanta viajar en tren por España, porque me encanta mirar por la ventana.

contd

Course Assessment: Writing: Tackling the bullet points 5

> **j** Yo soy una persona muy sociable, y buen/a trabajador/a, así que creo que, en general me llevé muy bien con mi jefe y con mis otros compañeros de trabajo. A veces salía de marcha con mis compis de trabajo, así que había muy buen ambiente.

1. If you got on with your boss/fellow employees.
2. What you did in your free time.
3. What else you did during your stay.
4. What you liked/disliked about the job.
5. What you did with the family at the weekend.
6. What differences you noticed between the Spanish and the Scottish ways of life.
7. Whether you would recommend living with a family in another country.
8. How you think this experience will help you in the future.
9. Whether you would recommend such an experience.
10. How you travelled and what the journey was like.

THINGS TO DO AND THINK ABOUT

Now make up your own four scenarios in English by mixing and matching all the bullet points. Try to make up scenarios for the four contexts (Society, Employability, Learning, Culture). Always start with the bullet point about how you travelled there and what the journey was like. Use everything you have learned so far to create the four Directed Writings in Spanish and then show them to your teacher.

DON'T FORGET

When tackling writing exercises, start with the bullet points.

ONLINE TEST

Test your knowledge online at www.brightredbooks.net

ONLINE

Head to www.brightredbooks.net to find the answers to the activities throughout this guide.

Km 0, La Puerta del Sol, Madrid, España

El Oso y el Madroño, Madrid, España

El Perito Moreno, Argentina

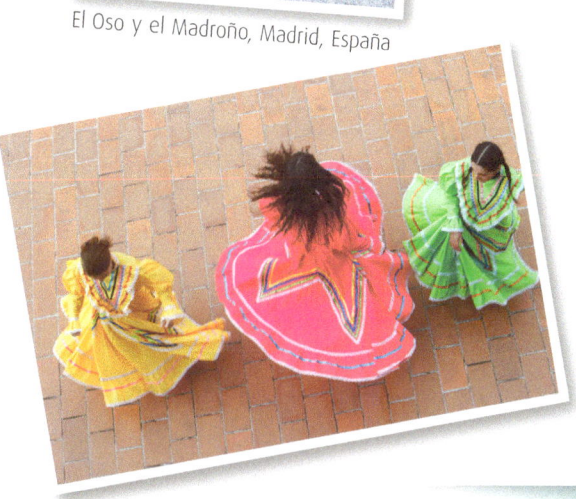

COURSE ASSESSMENT: WRITING

DISCURSIVE WRITING 1

COURSE ASSIGNMENT–WRITING TASK

This is a piece of writing which is internally set and externally assessed. The final version should be written in ink. It is to be **200–250 words** in length, although there are no penalties for being outwith this word count. It will be awarded 20 marks and represent 15% of the overall course assessment. It will be produced over time in the classroom.

It will be based on one of the four contexts of Society, Learning, Employability and Culture, although you can refer to the other contexts as well. You will agree with your teacher the topic(s) which interest you and before undertaking the assignment you would have had practice writing essays on that topic or a similar one. For example, you would have had practice on the topic of friendship, or going on holidays with your family. However, your teacher won't be able to tell you the exact question/ rubric for the assignment, which will be in English, for example: *'There is nothing more boring than going on holiday with your family. Discuss'* or *'A good friend is hard to find. Discuss'*.

With the use of your grammar notes, vocabulary lists and your dictionary, you will write a draft under exam conditions in class time. After this first draft, your teacher will provide you feedback showing you how to improve your work. This is why this assessment is formative in nature, as it allows you to improve. Your teacher won't give you the correct Spanish, but instead he or she will use a marking code, oral feedback or another agreed method of feedback so you can work out how to make it better by yourself, with the use of your sources (grammar notes, vocabulary lists, dictionary).

You will write the final version of your work in an SQA booklet, which will be submitted to SQA for marking. This will be done before the examination period in May. The key feature of this assignment is that is to be **discursive**.

WHAT IS A DISCURSIVE ESSAY?

You will have written essays which are discursive in nature in English and other school subjects. The essay is to be **balanced and persuasive**. In a balanced essay you will expect to write language showing different parts of an argument, using language such as, 'por un lado', 'por otro lado', 'para algunos', 'para otras personas', 'desde el punto de vista de (…)'. In a persuasive essay the candidate takes a position on the topic and defends that position.

Structuring what you are going to say is very important. You may be able to plan the essay in your head, but many students prefer to write it down. Sometimes the most difficult part is finding the ideas and knowing what to say, rather than the actual language resource and grammar. Mind maps are useful for this. Your essay should have an introduction, followed by a couple of arguments which may include different viewpoints ('en primer lugar', 'en segundo lugar', 'con respecto a'). You should show a clear indication of your opinion in the matter throughout your essay and end up with some sort of conclusion, which draws everything together.

Remember that writing the essay is the culmination of everything you have learned, so for most topics you have studied you should have some notes: reusing and recycling the language you have already seen, read and heard is the best way to tackle writing. Likewise, writing and talking go hand in hand: many of your notes and essays will come in useful to express your ideas when you do talking tasks in class or for your internal speaking assessment or the Performance.

Let's now have a look at the topics you might be expected to write about. The questions and contexts are the same as those for the Performance-Talking section. Remember that many of the topics could fall into more than one of the four contexts. For example, taking a gap year could be discussed as part of Learning, Society, Culture or Employability.

> **DON'T FORGET**
>
> You will be given opportunities to practise your writing skills by writing discursive essays on each topic area.

Course Assessment: Writing: Discursive writing 1

WHAT MIGHT I BE EXPECTED TO WRITE ABOUT?

Society
a where you live/would like to live
b family and friendships, and how they influence you
c healthy living
d the impact of technology in your life
e what you do in your free time

Learning
f the importance of learning languages
g the advantages and disadvantages of going to college/university
h your future plans for college/university
i the issues around working and studying at the same time

Culture
j the kind of holidays you like and who you go with
k working abroad or taking a gap year

Employability
l future plans: careers and job opportunities
m summer jobs

THINGS TO DO AND THINK ABOUT

Have a look at these nine examples of discursive essays which could appear in your assignment-writing task, depending on what you have agreed with your teacher, arising from the topics in page 86 (a–m).

1 Having a part time job whilst you study is a good thing to do. Discuss.

2 Sports and hobbies are important to relax and it is important to keep a work/life balance. Do you agree?

3 Living in a capital city is much better than living in the countryside. Discuss.

4 People these days are obsessed with technology. Do you agree?

5 Going on holidays can help you develop your intercultural knowledge. Discuss.

6 Going to University is useless, college is better. Discuss.

7 Young people do not care about having a healthy life these days. Discuss.

8 Speaking languages is important in helping you find a job. Discuss.

9 Social networks are the best place to make good friends. Discuss.

DON'T FORGET

You will be allowed to use a dictionary in the writing assignment task, but you should not rely on it too much. Try to use material you have practised in class. If you try to make up a new essay from scratch for this task, you risk making a lot of mistakes. It would be like starting to build a house starting with the roof without laying the foundations first!

ONLINE TEST

Test your knowledge online at www.brightredbooks.net

ONLINE

Head to www.brightredbooks.net to find the answers to the activities throughout this guide.

COURSE ASSESSMENT: WRITING

DISCURSIVE WRITING 2

HOW TO STRUCTURE A DISCURSIVE ESSAY

Let's take the first example in the previous section to show one way of structuring an essay.

Example:
1 'Having a part time job whilst you study is a good thing to do. Discuss'.

Pay special attention to the underlined phrases below, as they could be used in any essay. The following sections 1–5 represent the five paragraphs you could write in your own essay.

1. Start by saying what you are going to write about followed by a brief introduction stating your views. You could start by writing whether you have a part-time job or not, but you could also start by saying what you think of working and studying at the same time. Here you have an introductory sentence followed by three possible ways of starting your essay:

   <u>En esta redacción voy a escribir acerca de lo que pienso sobre</u> trabajar y estudiar al mismo tiempo.

   - <u>Para comenzar, yo creo que es</u> muy importante trabajar mientras se estudia porque te ayuda a ser independiente.

   - <u>Para empezar</u>, yo tengo un trabajo a tiempo parcial mientras estudio, porque en mi opinión, es importante tener experiencia del mundo laboral al mismo tiempo que se estudia.

   - <u>En primer lugar, pienso que</u> trabajar y estudiar es muy difícil para los jóvenes.

2. The next couple of paragraphs should show different points of view regarding the matter of working and studying at the same time. You can also say if you have a job.

   - Trabajo como repartidora de periódicos por las mañanas. Tengo que levantarme muy temprano y repartir 60 periódicos en mi barrio. Es un rollo en invierno porque hace mucho frío y siempre está lloviendo, pero me gusta tener mi propio dinero y es importante tener responsabilidades.

   - No tengo trabajo durante el curso. En verano, en vacaciones, trabajo ayudando en el restaurante de mis tíos como camarero. <u>Sin embargo</u>, durante el curso, prefiero concentrarme en mis estudios.

   - <u>Tengo que decir que</u> aunque me gustaría tener un trabajo, mis padres no me dejan porque dicen que no tendría tiempo para estudiar y trabajar al mismo tiempo.

   - Todavía no tengo trabajo, porque no he tenido suerte. Sin embargo, lo estoy buscando. <u>Me gustaría</u> trabajar como camarera, repartiendo periódicos o en una tienda. <u>En mi opinión</u>, trabajar es importante para los jóvenes porque así podemos aprender el valor de las cosas y a organizarnos la vida mejor.

3. Now that you have stated your opinion, you can give different points of view, using phrases that show a contrast of ideas. You could start being persuasive, offering further reasons for your points of view. One way would be to write about the advantages/disadvantages of working while you study.

contd

Course Assessment: Writing: Discursive writing 2

Con respecto a trabajar y estudiar a la vez, según mi punto de vista, tiene muchas ventajas trabajar al mismo tiempo que se estudia: en primer lugar, tener un trabajo te puede ayudar a descubrir lo que te gustaría ser de mayor, además de ayudarte con tu autoestima. En segundo lugar, me gusta tener mi propio dinero para comprarme la ropa que a mí me gusta. Sin embargo, también hay desventajas. Primeramente, muchos jóvenes no logran compaginar los estudios y el trabajo, y suspenden los exámenes o se estresan. Del mismo modo, a veces es difícil encontrar tiempo para hacer los deberes.

Sin embargo, a mí me ha ayudado tener un trabajo porque ahora soy más organizado con mi tiempo, y me gusta tener un poco de dinero para poder permitirme caprichos como ir de compras o al cine con mis amigos. Sin embargo, entiendo que otros jóvenes prefieran concentrarse en sus estudios.

4 Before, you have offered different points of view. Then you made the move to argue that working whilst studying is good for you. Now you can continue with that persuasive writing style, for example, offering more thoughts about having pocket money.

- Antes, cuando no trabajaba, me daba un poco de vergüenza pedir/ pedirle dinero a mis padres para comprarme ropa y música y para salir con mis amigos. Las cosas están demasiado caras. Por otro lado, no puedo quejarme, porque mis padres me lo compran todo.

- Aunque trabaje, siempre me gustaría tener más dinero para ahorrar para cuando vaya a la universidad, o de vacaciones con mis amigos del instituto. En mayo vamos a Mallorca. Creo que me gasto demasiado dinero en salir con mis amigos, comida, ir al gimnasio, ropa y en juegos para el ordenador.

5 Finally, it is always a good idea to round off your essay with a brief conclusion.

Como ya he dicho, trabajar y estudiar a la vez tiene muchas ventajas e inconvenientes pero yo pienso que hay más aspectos positivos que negativos/negativos que positivos. Para terminar/En conclusión, estoy contento de trabajar/no trabajar, porque creo que esto me viene bien en este momento de mi vida.

THINGS TO DO AND THINK ABOUT

Select some phrases and language structures from the essay in this section and using these together with other material you have learned in class, write your own. Make sure that you structure your essay into five distinct paragraphs. Equally important is to ensure that you know what you are writing actually means in English. There is nothing worse than trying to memorise phrases if you don't know what they mean!

DON'T FORGET

Using this structure for your essay will make it easier to plan and write.

ONLINE TEST

Test your knowledge online at www.brightredbooks.net

ONLINE

Head to www.brightredbooks.net to find the answers to the activities throughout this guide.

COURSE ASSESSMENT: WRITING
DISCURSIVE WRITING 3

WRITING ACCURATELY

The key to accurate writing is being resourceful with what you know how to write in Spanish. Remember that in the assignment you will be given feedback and the chance to improve your final piece. Have another look at example discursive essay questions 2, 4, 7 and 9 on p. 87. At first sight, you might think that the topic of healthy eating does not have much in common with friendships or free time. As the writing-assignment tasks are so open-ended, however, with a few tweaks here and there you can adapt ideas for any one topic that would work equally well with any of the other three.

Below are the discursive essays 2, 4, 7 and 9. Each discursive essay has been matched up with possible questions/ways to tackle the different rubrics which you will have covered as part of the topics studied throughout the year. Go back to the sections in this book where you learned about these topics (Friendships, pp. 10–13; Free time, pp. 18–19; Technology, pp. 20–21; Healthy lifestyles, pp. 22–25). Refresh your memory by revising the phrases you have already learned. Remember these questions could be used for your Talking activities and Performance too.

Essay 2 – Sports and hobbies are important to relax and it is important to keep a work/life balance. Do you agree?
1. ¿Qué te gusta hacer en tu tiempo libre?
2. ¿Es importante hacer deporte para combatir el estrés?
3. ¿Hay que tener equilibrio entre el trabajo y el ocio?

Essay 4 – People these days are obsessed with technology. Do you agree?
4. ¿Es importante la tecnología en tu vida?
5. ¿Para qué utilizas tu móvil?
6. ¿Crees que la gente está obsesionada con la tecnología?

Essay 7 – Young people do not care about having a healthy life these days. Discuss.
7. ¿Qué haces para mantenerte en forma?
8. ¿Tienes una dieta equilibrada?
9. ¿Crees que es importante para los jóvenes llevar una vida sana?

Essay 9 – Social networks are the best place to make good friends. Discuss.
10. ¿Son importantes para ti los amigos?
11. ¿Qué es para ti un buen amigo/una buena amiga?
12. ¿Crees que las redes sociales son una buena manera de hacer amigos?

Here are various possibilities for beginning each paragraph of your opinion essay.

Essay 2

a Con respecto a la pregunta, sobre si creo que es importante hacer deporte para relajarse del estrés, pues no podría estar más de acuerdo. Hay que reconocer que cuando estamos estresados, no se puede pensar con claridad.

b Para empezar, yo creo que es importante hacer deporte para combatir el estrés.

c En lo que concierne a la pregunta, acerca de si hay que tener equilibrio entre el trabajo y el ocio, pues claro que estoy de acuerdo, ya que un buen equilibrio es fundamental para ser feliz.

d Sin lugar a dudas, pienso que hay que tener equilibrio entre el trabajo y el ocio, puesto que es imprescindible para sentirse bien y estar a gusto con uno mismo.

Essay 4

e Para responder a la pregunta, la tecnología no es muy importante en mi vida. No me gustan las personas que pasan mucho tiempo encerrados en su habitación. Yo prefiero salir con mis amigos. (Note that *tu* in *tu vida* changes to *mi vida*.)

f En cuanto a la pregunta sobre si estamos obsesionados con la tecnología, yo creo que en general sí, tanto los jóvenes como los mayores, y es muy preocupante. Sin embargo, la solución no es prohibir el móvil en el instituto, ya que yo lo uso para muchas cosas. (Note that *utilizas tu* changes to *utilizo el* or *utilizo mi*.)

g Para contestar a la pregunta, sobre si creo que la gente está obsesionada con la tecnología, yo pienso que …

Essay 7

h Para empezar, yo (no) estoy de acuerdo con eso que se dice que los jóvenes no hacemos nada para estar en forma. Sin ir más lejos, yo hago muchas cosas para mantenerme en forma. ¡Sin embargo, hay que reconocer que hay muchos jóvenes en mi instituto que no hacen ni el huevo!

i Esta pregunta no es fácil de contestar, porque hay opiniones para todos los gustos. Aunque haya personas que no hagan mucho para mantenerse en forma, yo para mantenerme en forma, yo …

j Con respecto a la pregunta acerca de si tengo una dieta equilibrada, yo pienso que sí que tengo una dieta …

contd

k   En segundo lugar tengo una dieta equilibrada porque …
l   En mi opinión es muy importante que los jóvenes lleven una vida sana ya que, como dice el proverbio español, 'mente sana en cuerpo sano'.

Essay 9

m   En primer lugar, para mí la amistad y los amigos son muy importantes, tanto como la familia. Ya lo dice el proverbio español, '¿quién es tu hermano? El amigo más cercano'. Sin embargo, creo que internet no es el mejor lugar para ir buscando a amigos de verdad. Por otro lado, es verdad, que las redes sociales son importantes para seguir en contacto con amigos que se hacen, por ejemplo, cuando vas de vacaciones.

n   Para contestar a la pregunta, para mí las redes sociales son muy peligrosas, porque nunca sabes con quién se habla en realidad. Es mejor tener amigos de carne y hueso que 'en linea'. Para mí, un buen amigo es alguien que te escucha y está siempre a tu lado. Habiendo dicho esto, mis primos que viven en Australia ahora son mis mejores amigos, y podemos mantener la amistad gracias a Skype.

o   En lo que concierne a la pregunta, yo pienso que las redes sociales son una buena manera de hacer amigos y de estar en contacto con ellos.

Finally, here are a few paragraphs that will work with more than one of the essay questions above (1–12). Try to decide which of the sentences **a–o** you think these could follow. Remember that you can also mix and match individual sentences from the paragraphs to construct your essay.

1   Yo me considero una persona muy sociable. Tengo muy buenos amigos, no sé lo que haría sin ellos. También practico muchos deportes con mis amigos, por ejemplo tres veces por semana juego al baloncesto. Los fines de semana suelo ir al cine con mis amigos para descansar de tanto estudiar. Por otro lado, para mí, es importante ser un chico sano, por eso no fumo, ni bebo alcohol. Mis amigos tampoco fuman ni beben, así que esto es bueno. Creo que estoy bastante en forma, y también como muy sano. Me encanta comer fruta y verdura.

2   (Sin embargo) hay muchos jóvenes que pasan horas y horas sentados enfrente del ordenador, hablando con amigos imaginarios, o que no conocen realmente, en las redes sociales. Creo que es triste que algunos jóvenes prefieran chatear con amigos que no conocen a salir con sus amigos de verdad. No creo que sea sano estar todo el día en casa, es mejor salir con los amigos. No puede ser verdad que alguien con 16 años tenga 2000 amigos en las redes sociales. Aunque las redes sociales pueden ser buenas, a veces destruyen la amistad, en mi opinión.

3   Me llevo muy bien con mis amigos y pienso que la amistad me ayuda a combatir el estrés del colegio y del trabajo. Tenemos muchos exámenes. Tener un buen equilibrio entre el ocio y los estudios es importante en mi vida. Para mi es importante estar en contacto con ellos, y el teléfono móvil me ayuda mucho porque así podemos hablar y quedar para salir a dar una vuelta, o para pasarnos videos divertidos y la música que nos gusta.

4   Yo hago mucho deporte. Me encanta ir al gimnasio y jugar al fútbol con mis amigas. También voy a clases de hip-hop. Somos un grupo muy divertido y nos lo pasamos bomba. Además de tener una dieta equilibrada, es importante hacer muchas actividades para sentirse bien y feliz. Para hacer actividades es importante tener buenos amigos, yo prefiero hacer cosas todos los días con mis amigos, en vez de pasarme horas y horas enganchado a las redes sociales.

5   La tecnología es muy importante en mi vida y yo utilizo Internet para casi todo. No sé qué haría sin la tecnología. Es fundamental para mi vida social. Hablo con mis amigos por teléfono todo el rato y nos mandamos muchos mensajes de texto. Después del instituto, también me gusta ver mis series favoritas en la tableta, para combatir el estrés de los deberes y los exámenes. Creo que desconectar del trabajo es muy importante para llevar una vida sana y ser feliz.

6   Yo tengo muchos amigos y me gusta mucho hacer deportes con mis amigos. Me encanta también ver deportes en mi tableta, al igual que practicarlos. Mis deportes favoritos son la natación y salir en bicicleta con mis amigos. Sin embargo, en este momento no tengo mucho tiempo porque paso demasiado tiempo haciendo los deberes y estudiando. Creo que no tengo un buen equilibrio entre el trabajo y el ocio. Cuando haya terminado los exámenes quizás esto mejore.

ONLINE TEST

Test your knowledge online at www.brightredbooks.net

ONLINE

Head to www.brightredbooks.net to find the answers to the activities throughout this guide.

THINGS TO DO AND THINK ABOUT

You have enough information at your disposal now to be able to write your own discursive essays for questions 2, 4, 7 and 9 (page 87). Do this and show them to your teacher.

COURSE ASSESSMENT: WRITING

DISCURSIVE WRITING 4

Here you have some other examples of discursive essays, from questions 3, 5, 6 and 8 on p. 87. Read them through and complete the tasks.

ACTIVIDAD 1 — LEE: WHERE I LIVE

Fill in the gaps with the missing verbs from the box.

Living in a capital city is much better than living in the countryside. Discuss.

En esta redacción voy a 1_____ sobre las ventajas e inconvenientes de vivir en una ciudad o en un pueblecito en el campo. Vivo en Musselburgh, que es un pueblecito bastante 2_____ en las afueras de Edimburgo, la capital de Escocia.

A veces me pregunto, ¿qué será mejor? ¿vivir en la ciudad o en el campo? Con respecto a esta pregunta, es decir, lo que 3_____ sobre qué es mejor, pues por un lado, me 4_____ bastante porque 5_____ a casi todo el mundo del pueblo, 6_____ muy buenos amigos y hay muy buen ambiente. Sin embargo, es un rollo porque no hay mucho que 7_____ para los jóvenes.

Si se analizan las ventajas y las desventajas de vivir en un pueblo, lo primero sería mencionar algunos inconvenientes. Por ejemplo, si 8_____

salir a bailar, o a discotecas, o al cine, o al teatro, o al fútbol, o incluso para 9_____ con mi equipo de rugby, pues siempre tengo que montarme en un autobús e ir a Edimburgo. La verdad es que a veces me molesta bastante porque tardo casi una hora en 10_____ (¡y otra en volver!). El segundo problema es que nunca puedo 11_____ hasta muy tarde porque no hay autobuses para volver a casa. Por esto, hay que reconocer que hay mucha gente que piensa que es mejor vivir en la ciudad.

Por otro lado, tengo que reconocer que tengo suerte, porque vivo cerca de la capital, y por eso es más fácil 12_____ un trabajo a tiempo parcial, o ir a conciertos. Tengo que decir que me 13_____ Edimburgo en verano, porque hay mucha marcha con el festival del Fringe, sin embargo me gusta la tranquilidad de mi pueblecito.

Para terminar, en conclusion, la verdad es que me 14_____ vivir en Edimburgo en el futuro ya que creo que cuando se es joven es mejor vivir en una ciudad grande y no en el campo.

| pienso | entrenar | hacer | llegar | encontrar | quiero | conozco |
| escribir | gusta | tengo | encanta | pequeño | salir | encantaría |

ACTIVIDAD 2 — LEE: THE IMPORTANCE OF LEARNING LANGUAGES

The five paragraphs of this discursive essay have been jumbled up. Can you put them in the correct order?

Speaking languages is important to help you finding a job. Discuss.

1. En conclusión, aprender idiomas es importantísimo, especialmente para los británicos porque estamos un poco aislados del mundo al vivir en una isla. Independientemente de tu trabajo, si hablas un idioma, se puede ganar más dinero.

2. En segundo lugar, en el futuro, cuando vaya a la universidad, voy a estudiar derecho y español, y me gustaría pasar un año de Erasmus viviendo en España. Pienso que viviendo en un país extranjero se pueden aprender muchas cosas de la vida. Igualmente, hay que reconocer que esa experiencia te puede ayudar a la hora de encontrar un trabajo.

3. En primer lugar, a mí me encantan los idiomas. Creo que te permiten descubrir otras maneras de pensar y te ayudan a ser más tolerante y a desarrollar las capacidades intelectuales. A mí particularmente me encanta ir de viaje así que hablar idiomas es muy útil, ya que no todo el mundo habla inglés. Sin embargo, hay gente que piensa que todo el mundo habla inglés, y por eso no necesitan aprender idiomas. Bueno, tengo que decir que no comparto esa opinión.

4. En tercer lugar, en estos días de globalización, hablar idiomas es imprescindible a la hora de buscar un trabajo de lo que sea, especialmente con el clima que se vive en el Reino Unido con el Brexit.

5. En esta redacción voy a escribir sobre la importancia de aprender otros idiomas en el mundo de hoy en día y para los jóvenes, especialmente a la hora de buscar un trabajo. Para empezar, sin duda alguna, yo creo que, los idiomas son muy importantes por muchas razones.

Course Assessment: Writing: Discursive writing 4

ACTIVIDAD — TRADUCE: CULTURAL DIFFERENCES

The following example of a discursive essay probably goes beyond the level of writing expected at Higher level. It is also nearly 300 words long, slightly longer than the piece you will have to write. Can you translate the five cultural differences highlighted in the essay?

Going on holidays can help you develop your intercultural knowledge. Discuss.

En esta redacción voy a escribir sobre mis vacaciones en España y de cómo ir de vacaciones me ha ayudado a entender mejor la cultura de otros países. He estado muchas veces en España, de pequeño con mi familia, y ahora voy con familia y amigos. Me encanta ir de vacaciones a España. Yo he aprendido mucho sobre las diferencias culturales entre Escocia y España, por ejemplo:

1 En primer lugar, para hablar sobre las diferencias culturales, lo que más me impactó de España, fue el ruido que siempre hay por todos sitios. Creo que la gente habla en general más y además más alto; incluso en los autobuses, aunque la gente no se conozca de nada, pues charlan. Me parece que la gente es más afectuosa, ¡eso me encantó!

2 Bueno, en realidad, en Escocia, también hay gente que es muy afable, y que te habla mucho. Por ejemplo, en Glasgow, la gente es muy agradable. La gente en España bebe socialmente, pero veo muy poca gente borracha cuando voy de vacaciones. En realidad, esto es muy positivo; en Escocia, a veces, creo que la gente tiene que beber para charlar. ¡Eso es un poco triste!

3 Por otro lado, creo que en España, la gente es más cariñosa. Por ejemplo, Me gustó mucho besar a las/los chicas/chicos cada vez que quedabas con ellas/ellos, creo que los españoles son más táctiles.

4 Un asunto que no me gustó, fue el hecho de que los españoles no saben hacer cola para nada. Mi país me parece más ordenado. Sin embargo, quizás esto solo sea mi opinión.

5 La comida en España creo que tiene un carácter más social que en Escocia. El almuerzo o la cena pueden durar un par de horas y es el momento en el que la familia o los amigos se reúnen y se cuentan sus cosas. En general me parece que el valor de la familia es más importante en España, aunque yo no me imagino viviendo con mis padres hasta los treinta. En España, al parecer, un 70% de los jóvenes viven con sus padres hasta los treinta años. ¡Qué barbaridad!

En conclusión, yo creo que pasar tiempo en el extranjero puede ayudar a desarrollar tus conocimientos sobre otras culturas. Mis vacaciones ideales son en España, al lado del mar, con mis amigos. No me gustan los hoteles con todo incluido, porque es más difícil conocer a la gente del lugar. A mí me gusta salir por la noche y tapear en muchos restaurantes y charlar con la gente del pueblo, ya que así puedo entender mejor la manera de ser de la gente.

ACTIVIDAD — LEE: FUTURE PLANS AND SKILLS

ONLINE TEST

Test your knowledge online at www.brightredbooks.net

Make correct sentences by matching 1–8 in the first column with a–h from the second column.

Going to University is useless, college is better. Discuss.

1 En esta redacción voy a escribir
2 En lo que concierne a la pregunta,
3 Yo quiero buscarme un trabajo a tiempo parcial, y espero ir a
4 En mi caso particular, no tengo claro todavía si
5 No quiero ir a la universidad porque
6 Creo que tengo muchas buenas destrezas sociales
7 Para el oficio de la construcción,
8 En conclusión como ya he explicado, todo depende de lo que te gustaría hacer en el futuro. Las dos opciones son

a un instituto de formación profesional, porque me encantaría aprender muchos oficios relacionados con la construcción. Sin embargo, muchos de mis amigos, que quieren ser maestros, abogados, banqueros, científicos o médicos, tienen que ir a la universidad.
b me gustan mucho los trabajos manuales.
c muy válidas, lo importante es ser feliz haciendo lo que te gusta.
d sobre la dura decisión que muchos jóvenes tienen que tomar: ¿formación profesional o universidad?
e porque soy una chica muy simpática y amable.
f no creo que haya una respuesta correcta. Dependiendo de lo que te gustaría hacer o ser en el futuro, para algunas personas la universidad es mejor, para otras la formación profesional.
g me gustaría ser albañil, o fontanero o electricista. De todas formas, también puedo comenzar un ciclo de formación profesional, y después cambiar de idea.
h soy una chica muy creativa y trabajadora. Entonces, para mí, la universidad no es la opción adecuada, pero tampoco me gusta decir que ir a la universidad es algo inútil.

THINGS TO DO AND THINK ABOUT

Make a note of any sentences you think you can re-use in your own essays.

GRAMMAR

PRONUNCIATION, *SER* AND *ESTAR*

It is important that you have a sound grasp of grammar at Higher level and know how the language works. However, it is much easier to learn grammar in context. For example, you will find it far more useful to learn the phrases *soy Robert, soy alto, soy escocés, estoy cansado, soy estudiante, estoy viviendo en Aberdeen pero soy de Dundee* than to learn the grammar point that *ser* is used to show origin and *estar* to show location. Always try to pick up grammar as you read, listen, talk and write.

EL ORIGEN DE LAS PALABRAS

There is a reason why so many words look very similar in English and Spanish.

The Romans extended their Empire all over Europe. The Romans spoke Latin and, wherever they went throughout Europe, the mix of Latin and the spoken language of the country or area within the country they invaded, gave birth to different 'Romance' languages: French, Italian, Spanish, Portuguese or Catalan.

In 1066, England was invaded by the Normans from France. The languages of both countries merged and the English language took on many French words. For that reason, many English words, as many as 4000, are very similar to their French equivalent. Likewise, as French and Spanish share a common origin in Latin, you will also be able to spot many similarities between Spanish and English words.

Let's have a look at a few everyday language words you might use in English: You might have heard someone older than you saying to you '*You have nae savvy*', meaning that you have no common sense. The English word 'savvy' comes from the French '*savoir*' or the Spanish '*saber*', which came from Latin '*sapere*' meaning knowing how to do something. During your break, you might go to the '*vending machines*' in your school. The word 'vending' comes from the French '*vendre*' or the Spanish '*vender*', which came from the Latin '*vendere*'. During the weekend, someone might decide to go for a '*bevvy*'. This expression comes from the Latin '*bibere*', which gave '*beber*' in Spanish or '*boire*' in French.

Watch out because there are many false friends, for example, if you were to say '*estoy embarazada*' in Spanish, you would be saying that you were pregnant (and not embarrassed), or if you asked in a pharmacy in Spanish for pills because you were '*constipado*' they would give to medication for a cold. In Spanish, '*diversión*' means fun, and not diverted traffic! Despite these false friends, there are many words which belong to the same family or might have a similar or related meaning, therefore, if you start thinking of a similar word in English to the one you are seeing in Spanish, you will be ahead of the game!

PRONUNCIATION

The pronunciation of Spanish is very straightforward. Keep these rules in mind:

- In Spanish there are five vowels: *a, e, i, o* and *u* and they always sound the same: *a* as in b<u>a</u>ck; *e* as in <u>e</u>nd; *i* as in s<u>lee</u>p; *o* as in n<u>o</u>t; *u* as in r<u>oo</u>m. Try saying *universidad*.
- The letter *h* is silent. Try saying *hamburguesa, hermano* (remember to pronounce *o* correctly)
- The letters *t* and *d* are pronounced slightly differently in Spanish: your tongue should touch the back of your front teeth and the sound is a little softer. Try saying *té, dentista, Antonio*.
- The letter *j* is easy for Scottish people to pronounce! Try saying 'lo<u>ch</u>', then <u>j</u>amón.
- The letter *z* is pronounced differently in Spain and in Latin America. In most parts of Spain it sounds like the *th* in <u>th</u>ink, while in Latin America it sounds like an *s*.

Now listen to the track for page 7 again with this in mind.

94

Grammar: Pronunciation, *ser* and *estar*

SER VERSUS *ESTAR*

Ser and *estar* both mean 'to be'. Generally speaking, *ser* is used to describe permanent states and *estar* temporary states: *soy feliz* and *estoy feliz* both mean 'I am happy', but the first suggests 'I am generally happy' and the second 'I am happy at the moment'. *El niño es alto* and *el niño está alto* both mean 'the boy is tall' but the second implies a state that is more likely to change (he is tall for his age at the moment). On p. 6, Pedro, Isabel, María and Rodrigo used verbs *ser* and *estar* to talk about their lives. Go back to p. 6 and look at when each one is used. You could take a note in your jotter, or highlight the passage with different colours if this is your own book.

ser	estar
Identity: **Soy Isabel.**	Location: **Está en el norte de España.**
Nationality/origin: **Soy española, soy de un pueblo**	Physical state: **Estoy ocupado, estoy nerviosa.**
Profession/job: **Soy estudiante, soy maestro**	Marital status: **Estoy casado/soltero** (but some Latin Americans use **soy casado/soltero**).
Physical description/permanent status: **Soy alta, es simpática, suelo ser una persona relajada.**	Temporary circumstances: **La universidad está cerrada.**

ACTIVIDAD ESCRIBE: *SER* AND *ESTAR*

Practise using *ser* and *estar* correctly. Use the information in the box on p. 94 and the verb forms in the box below to write ten sentences about yourself and other people you know. Try to use a range of forms in your sentences.

yo soy	yo estoy	I am
tú eres	tú estás	you are (informal singular)
él/ella es	él/ella está	he/she is
usted es	usted está	you are (formal singular)
nosotros somos	nosotros estamos	we are
vosotros sois	vosotros estáis	you are (informal plural)
ellos/ellas son	ellos/ellas están	they are
ustedes son	ustedes están	you are (formal plural; in Latin America and some parts of Spain informal plural)

THINGS TO DO AND THINK ABOUT

Listen to Marc Anthony's song about friendship at www.brightredbooks.net. Note his use of *ser* and *estar*.

Tú eres mi hermano del alma, realmente el amigo.
You are my friend (permanent status).
Que en todo camino y jornada está siempre conmigo.
You are with me (location).
Es tu corazón una casa de puertas abiertas.
Your heart is a house of open doors (permanent status).
Tú eres realmente el más cierto en horas inciertas.
You are always there (physical state).

DON'T FORGET

In Spanish there are four ways of saying 'you': *tú* (informal, one person); *vosotros* (informal, more than one person); *usted* (formal, one person); *ustedes* (formal, more than one person). In Latin America and some parts of Spain, *ustedes* is more widely used in everyday language than *vosotros*. In writing, *usted* is abbreviated to *Ud.* and *ustedes* to *Uds.*

DON'T FORGET

Since Spanish has four ways of saying 'you' and both *ser* and *estar* mean 'to be', that unfortunately means that there are eight ways of saying 'you are': *tú eres, tú estás, usted es, usted está, vosotros sois, vosotros estais, ustedes son* and *ustedes están*!

DON'T FORGET

Remember there are some small pronunciation differences between the Spanish spoken in Spain (by 45 million people) and that spoken in Latin America (by 360 million people). Marc Anthony was born in New York to parents from Puerto Rico. Go to the Digital Zone and listen carefully to the way he pronounces the letters c and z, for example in the words *corazón, cierto, inciertas, difíciles, certeza, preciso, decir.*

ONLINE

Head to www.brightredbooks.net to explore this further.

ONLINE TEST

Test your knowledge of Spanish grammar at www.brightredbooks.net

GRAMMAR
VERBS: PRESENT TENSE

In this section, we will divide verb tenses into 'must know' and 'good to recognise' categories. Bear in mind that there are many more! First, however, you must be aware of the three moods.

MOODS

In Spanish, verbs can be in three moods: indicative, imperative or subjunctive. Most verbs you come across are in the indicative mood, which is used when making everyday questions and statements, such as *yo canto; yo canté; yo cantaba; yo he cantado; yo había cantado, yo cantaré; yo voy a cantar; yo cantaría; yo estoy cantando*.

In Spanish, you will come across the other two moods more if you do Advanced Higher. The imperative is the verb form used to give orders or commands: *canta* (sing), *siéntate* (sit down).

The subjunctive mood is used in Spanish when you are expressing a doubt, a hope, a desire or your opinion. For example, in your Directed Writing you will have used *Cuando vaya a España …, Cuando sea mayor …, Cuando tenga dinero …*. In all three sentences you are talking about an uncertain future: 'when I go to Spain' (you might not go); 'when I'm older' (you might not get older); and 'when I have money' (you might never have money). You also used the subjunctive to express your opinions: *No creo que tenga diner* (I don't think I've got money), *No creo que sea aburrido* (I don't think I'm boring).

MUST-KNOW TENSES

These are the must-know tenses which you will regularly encounter in your listening, talking and reading activities. In the Directed Writing you will use the present, preterite and imperfect, and the future and/or conditional. However, the 'good to recognise' tenses might appear in your reading comprehension, so so make sure you can recognise them.

MUST KNOW – Tenses in the indicative mood	
Present: *Yo canto* I sing	Preterite: *Yo canté* I sang
Imperfect: *Yo cantaba* I used to sing	Present perfect: *Yo he cantado* I've sung
Pluperfect: *Yo había cantado* I had sung	Future: *Yo cantaré/Yo voy a cantar* I will sing/I am going to sing
Conditional: *Yo cantaría* I would sing	Present continuous: *Estoy cantando* I am singing
GOOD TO RECOGNISE – Tense in the indicative mood (future perfect); Present subjunctive	
Future perfect: *Yo habré cantado* I will have sung	
Present subjunctive: *Cuando yo cante en una orquesta importante* When I sing in an important orchestra (I may not do so)	

DON'T FORGET

All *yo* forms in Spanish end in *-o*: *canto, como, escribo, bailo, estudio, hablo, veo, salto*, regardless of which group they belong to.

MUST KNOW: THE PRESENT TENSE

The present is used to talk about what usually happens, what is happening now and what things are usually like. It is not usually necessary to use the pronoun (*yo, tú, él* and so on) as the ending of the verb indicates who is doing the action of the verb. There are three conjugations or groups of verbs: those ending in -ar, in -er, and in -ir. To form the present tense you remove the ending (-ar/-er/-ir) from the infinitive. The part that is left is called the stem, to which you add the following endings:

contd

Grammar: Verbs: present tense

	-ar	-er	-ir
	cantar (to sing) cant- +	comer (to eat) com- +	escribir (to write) escrib- +
yo	canto	como	escribo
tú	cantas	comes	escribes
él/ella/usted	canta	come	escribe
nosotros	cantamos	comemos	escribímos
vosotros	cantáis	coméis	escribís
ellos/ellas/ustedes	cantan	comen	escriben

Remember that in English the different parts of the same verb are nearly the same: I sing, you sing, he/she sings, we sing, they sing. In Spanish, each part is different: *yo canto, tú cantas, él canta* and so on. This is why you normally don't need to give the pronoun (*yo, tú, él*). A good starting point now would be to look over the verbs in the infinitive on p. 64 and the different verb tenses on p. 65.

STEM-CHANGING VERBS

Many verbs in Spanish are irregular. They are called stem-changing verbs, as the stem of the verb also changes after the ending has been removed. When you look the infinitive form up in your dictionary you will often be told what change is made to the stem, for example *jugar (ue)*. The most common patterns are shown below.

	u → ue, o → ue	e → i	e → ie
	jugar (ue) (to play)	sentir (i) (to feel)	pensar (ie) – (to think)
yo	juego	siento	pienso
tú	juegas	sientes	piensas
él/ella/usted	juega	siente	piensa
nosotros	jugamos	sentímos	pensamos
vosotros	jugáis	sentís	pensáis
ellos/ellas/ustedes	juegan	sienten	piensan

IRREGULAR VERBS IN THE PRESENT TENSE

The *yo* form of these verbs is quite radically different from the other forms, which follow the patterns you have already seen, including stem changes.

	decir (to say)	venir (e → ie) (to come)	tener (e → ie) (to have)
yo	digo	vengo	tengo
tú	dices	vienes	tienes
él/ella/usted	dice	viene	tiene
nosotros	decímos	venímos	tenemos
vosotros	decís	venís	tenéis
ellos/ellas/ustedes	dicen	vienen	tienen

THINGS TO DO AND THINK ABOUT

Have a look at Juan and Elvira's transcript on p. 107 and make two lists: one with the verbs in the infinitive (-ar/-er/-ir endings), such as *intento estudiar* (I try to study), and another with the conjugated forms of the verbs, such as *me relajo* (I relax).

Here are some more stem-changing verbs. Look up their meanings if you need to and write out the full present tense of a few of them.

DON'T FORGET

To turn a statement into a question in Spanish, the word order stays the same and you simply need to change your intonation when you speak. When the question is written, remember you need to give an upside-down question mark at the beginning to alert you to the fact that it is a question and not a statement.

DON'T FORGET

Note carefully the different endings in the -ar/-er/-ir verb groups. Use your logic and see the patterns: *cantas, canta, cantamos, cantais, cantan/comes, come, comemos, comeis, comen/ escribes, escribe, escribímos, escribís, escriben.*

DON'T FORGET

Note that the stems of the *nosotros* and *vosotros* forms of the verb do not change in stem-changing verbs.

ONLINE

Head to www.brightredbooks.net to explore this further.

ONLINE TEST

Test your knowledge of Spanish grammar at www.brightredbooks.net

o → ue	e → i	e → ie
dormir	elegir	preferir
encontrar	pedir	entender
morir	seguir	empezar
costar	sonreir	perder

97

GRAMMAR

VERBS: PAST TENSES

REFLEXIVE VERBS

Reflexive verbs describe an action that you do to yourself, for example *me lavo* I wash (myself), as opposed to *lavo los platos* I wash the dishes. They are formed in the same way as the present tense verbs but they also use a reflexive pronoun.

	lavarse (to wash oneself)	hacerse (to become, to make something for yourself)	vestirse (to get dressed)
yo	me lavo	me hago	me visto
tú	te lavas	te haces	te vistes
él/ella/usted	se lava	se hace	se viste
nosotros	nos lavamos	nos hacemos	nos vestímos
vosotros	os laváis	os hacéis	os vestís
ellos/ellas/ustedes	se lavan	se hacen	se visten

DON'T FORGET

You will always be able to recognise that a verb is reflexive from its infinitive form, which will always end in -se: *lavarse, caerse, vestirse, hacerse, ponerse*.

MUST KNOW: THE PRETERITE

The preterite is used to describe completed actions that occurred in the past. It is formed by removing the -ar/-er/-ir from the infinitive and adding the following endings to the stem. You will see that -er and -ir verbs take the same endings. You would translate the preterite as 'I sang'; 'I ate'; 'I wrote'.

	cantar (to sing) cant- +	comer (to eat) com- +	escribir (to write) escrib- +
yo	cant**é**	com**í**	escrib**í**
tú	cant**aste**	com**iste**	escrib**iste**
él/ella/usted	cant**ó**	com**ió**	escrib**ió**
nosotros	cant**amos**	com**imos**	escrib**imos**
vosotros	cant**asteis**	com**isteis**	escrib**isteis**
ellos/ellas/ustedes	cant**aron**	com**ieron**	escrib**ieron**

DON'T FORGET

Note the difference: *(yo) canto* I sing; *(el) cantó* he sang. It is important not to leave out the accents!

MUST KNOW: THE IMPERFECT

The imperfect is another past tense. It expresses continuous or repeated actions or situations in the past – what someone used to do, something that used to happen, what things used to be like and so on. It is formed by removing the -ar/-er/-ir from the infinitive and adding the following endings to the stem. You will see that -er and -ir verbs

contd

Grammar: Verbs: past tenses

take the same endings. You would translate the preterite as 'I used to sing/I sang'; 'I used to eat/I ate'; 'I used to write/I wrote'.

	cantar (to sing) cant- +	comer (to eat) com- +	escribir (to write) escrib- +
yo	cant**aba**	com**ía**	escrib**ía**
tú	cant**abas**	com**ías**	escrib**ías**
él/ella/usted	cant**aba**	com**ía**	escrib**ía**
nosotros	cant**ábamos**	com**íamos**	escrib**íamos**
vosotros	cant**abais**	com**íais**	escrib**íais**
ellos/ellas/ustedes	cant**aban**	com**ían**	escrib**ían**

HERE ARE SOME IRREGULAR VERBS IN THE PRETERITE AND THE IMPERFECT TENSES:

| | ser (to be) || ir (to go) || hacer (to do) || ver (to see) ||
	preterite (I was)	imperfect (I used to be)	preterite (I went)	imperfect (I used to go)	preterite (I did)	imperfect (I used to do)	preterite (I saw)	imperfect (I used to see)
yo	fui	era	fui	iba	hice	hacía	vi	veía
tú	fuiste	eras	fuiste	ibas	hiciste	hacías	viste	veías
él/ella/usted	fue	era	fue	iba	hizo	hacía	vio	veía
nosotros	fuimos	éramos	fuimos	íbamos	hicimos	hacíamos	vimos	veíamos
vosotros	fuisteis	erais	fuisteis	ibais	hicisteis	hacíais	visteis	veíais
ellos/ellas/ustedes	fueron	eran	fueron	iban	hicieron	hacían	vieron	veían

THINGS TO DO AND THINK ABOUT

Have another look at the transcript of the section on family (page 106) where Jaime and Raquel were talking about their childhood. Make two lists, one with the verbs in the preterite, and another one with the verbs in the imperfect.

Look at the table below and note the underlined words and phrases. These will help you work out when the verb needs to be in the preterite and when it should be in the imperfect. Try to learn the underlined words and phrases and associate each one with the correct tense.

Preterite	Imperfect
Ayer **fui** a la piscina.	Cuando era pequeño **iba** a la piscina todos los domingos.
La semana pasada **comí** pizza.	Cuando fui a Italia con mi familia, siempre **comíamos** pizza.
Anoche **vi** a Rocío.	Cuando vivía en Edimburgo, **veía** a Rocío todos los viernes por la noche.
Hace dos días **fui** al cine con Ricardo.	Antes, cuando tenía tiempo, **iba** al cine a menudo.
El año pasado **fui** a España de vacaciones.	De pequeño **íbamos** muchas veces de vacaciones, y a menudo a España.
Un día, **hubo** una fiesta muy divertida.	En la plaza, todos los días, **había** muy buen ambiente.

Look at the transcript of Emily's presentation on p. 114, in which she describes her childhood. Highlight in different colours the preterite and the imperfect tenses, and try to tweak some of the sentences so they apply to you. Then, do the same with Ben's presentation (p. 114).

DON'T FORGET

You must not leave out the accents on the letters in the imperfect tense. They will also help you pronounce the word correctly as you stress the syllable with the accented letter.

DON'T FORGET

Remember that in Spanish the verbs *ser* and *ir* are the same in the preterite tense.

ONLINE

Head to www.brightredbooks.net to explore this topic further.

ONLINE TEST

Test your knowledge of Spanish grammar at www.brightredbooks.net

DON'T FORGET

Note that *cuando* is followed by a verb in the imperfect when it sets the scene of something that was ongoing in the past. It can also be followed by a preterite when it refers to a completed action: see the second example: *Cuando fui a Italia* (When I went to Italy).

DON'T FORGET

Both the preterite and the imperfect can be translated by the simple past in English. See example 1 above: *Ayer fui a la piscina* I went to the swimming pool; *Cuando era pequeño iba a la piscina todos los domingos* When I was little I used to go/I went to the swimming pool every Sunday.

99

GRAMMAR

VERBS: FUTURE, CONDITIONAL, PERFECT AND PLUPERFECT TENSES

MUST KNOW: THE FUTURE AND THE CONDITIONAL

The future

There are two ways of conveying the future tense in Spanish – what you *are going* to do or what you *will* do –. The first uses the verb *ir* (to go) + *a* + a verb in the infinitive, for example *voy a cantar* I am going to sing. The second uses the infinitive of the verb with the endings shown in the table below, for example *yo cantaré* I'll sing. The endings are the same for *-ar*, *-er* and *-ir* verbs.

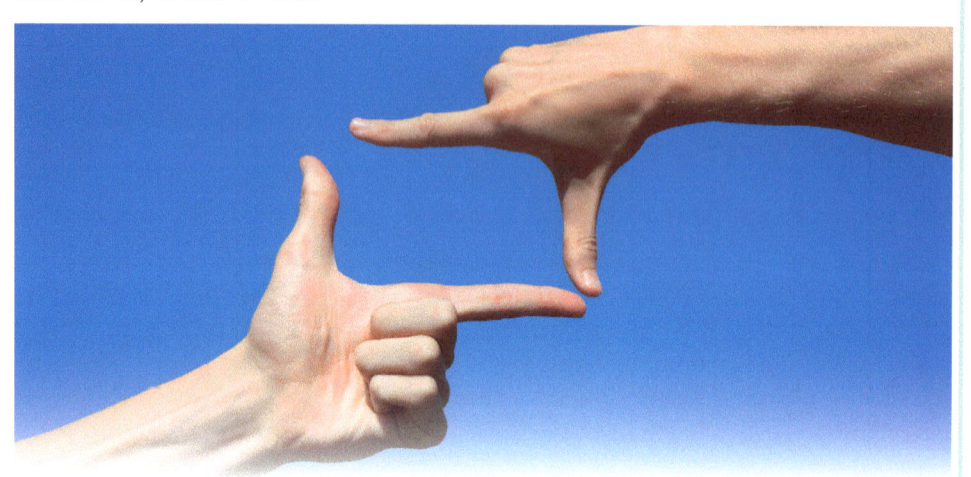

The conditional

The conditional tense is used to say what you *would* do or what *would* happen in the future. As with the future tense, it is formed by taking the infinitive of the verb and adding the endings shown in the table below. Again, the endings are the same for *-ar*, *-er* and *-ir* verbs.

DON'T FORGET

Remember that when used on its own, *haber* is an impersonal verb, that is, it is only used in the third person: *habrá* there will be; *habría* there would be.

	Future (1) *ir + a + infinitive:* I am going to sing	Future (2) *infinitive + endings:* I will sing	Conditional *infinitive + endings:* I would sing
yo	voy a cantar	cantaré	cantaría
tú	vas a jugar	jugarás	jugarías
él/ella/usted	va a comer	comerá	comería
nosotros	vamos a beber	beberemos	beberíamos
vosotros	vais a vivir	viviréis	viviríais
ellos/ellas/ustedes	van a estudiar	estudiarán	estudiarían

Irregular verbs have a different stem but with the same endings as in the table above.

	decir to say	haber there is/are	venir to come	tener to have	querer to want	poner to put	hacer to make/do	saber to know	salir to go out
Future	diré I will say	habrá there will be	vendré I will come	tendré I will have	querré I will want	pondré I will put	haré I will make/do	sabré I will know	saldré I will go out
Conditional	diría I would say	habría there would be	vendría I would come	tendría I would have	querría I would want	pondría I would put	haría I would make/do	sabría I would know	saldría I would go out

100

Grammar: Verbs: future, conditional, perfect and pluperfect tenses

MUST KNOW: THE PRESENT PERFECT AND THE PLUPERFECT

The present perfect is formed by using the present tense of the verb *haber* with the past participle, for example *yo he comido* I have eaten. The pluperfect is formed by using the imperfect tense of *haber* with the past participle: *Yo ya había terminado* I had already finished.

In order to form these tenses you need to know how to form past participles. Start with the infinitive, drop the *-ar/-er/-ir* ending and add *-ado* to *-ar* verbs and *-ido* to *-er* and *-ir* verbs.

Present perfect: I have sung	Pluperfect: I had sung
Present tense of haber + past participle	Imperfect tense of haber + past participles
Yo he cantado	Yo había cantado

GOOD TO RECOGNISE: THE FUTURE PERFECT

You might come across some sentences like this in your reading comprehension: *tu habrás mejorado tu nivel de español (cuando acabes este libro)* you will have improved your Spanish (when you finish this book). One way of forming the future perfect is with the future tense of *haber* + past participle.

Yo habré visitado toda la ciudad al final de la semana.	¿Tú habrás comido ya churros si ya has estado en Sevilla?	El ya habrá visto la pelicula.
I will have visited the whole city by the end of the week.	You will have already eaten churros if you have been to Seville before?	He will already have seen the film.

ONLINE
Head to www.brightredbooks.net to explore this topic further.

ACTIVIDAD: PAST PARTICIPLES

These past participles are irregular, so you should learn them by heart. Try to translate the sentences in the table. The first one has been done for you.

abrir → abierto	escribir → escrito	hacer → hecho	poner → puesto	volver → vuelto
1 Yo he abierto. I have opened.	2 Yo he escrito.	3 Yo había hecho.	4 Yo había puesto.	5 Yo he vuelto.
decir → dicho	romper → roto	ver → visto	descubrir → descubierto	morir → muerto
6 Yo había dicho.	7 Yo he roto.	8 Yo he visto.	9 Yo había descubierto.	10 Él se había muerto.

Now translate the following sentences into English:

1 Nosotros habremos arreglado el problema para cuando vengas.
2 ¿Habreis vuelto de las vacaciones el 15 de enero?
3 Ellos ya habrán terminado la universidad el 30 de mayo.

ONLINE TEST
Test your knowledge of Spanish grammar at www.brightredbooks.net

THINGS TO DO AND THINK ABOUT

Revisit the transcript on p. 117 where Ben is talking about his future plans. Look at how Ben and the teacher use the future tense and write out some sentences you could use for yourself.

Revisit Giacomo's presentation in the transcript on p. 113 and highlight the sentences where he is talking about what he would like to do in the future: '*me gustaría*'. Then do the same with Julie's conversation on p. 121.

GRAMMAR

VERBS: PRESENT CONTINUOUS AND SUBJUNCTIVE

estar + present participle cant + -ando			Irregular present participles	
yo	estoy	cant**ando**	dormir	estoy durm**iendo** I am sleeping
tú	estás	jug**ando**	pedir	2 estás pid**iendo**
él/ella/usted	está	com**iendo**	venir	3 está vin**iendo**
nosotros	estamos	beb**iendo**	sentir	4 estamos sint**iendo**
vosotros	estáis	viv**iendo**	leer	5 estáis le**yendo**
ellos/ellas/ustedes	están	estudi**ando**	oír	6 están o**yendo**

MUST KNOW: THE PRESENT CONTINUOUS

The present continuous is used to refer to an action that is being done as you speak, for example 'I am studying (now)'. To use this tense you first need to know how to form the present participle (the '-ing' form of the verb) in Spanish, which is done by taking the infinitive form of the verb, removing the -ar/-er/-ir ending then adding -ando to -ar verbs and -iendo to -er and -ir verbs, for example *cantar* (to sing) *cantando* (singing); *comer* (to eat) *comiendo* (eating). The present continuous is formed with the present tense of *estar* and the present participle.

ACTIVIDAD 1 TRADUCE: PRESENT CONTINUOUS

Translate sentences 2–6 in the table.

GOOD TO RECOGNISE: THE PRESENT SUBJUNCTIVE

Using the subjunctive might appear daunting at first but it is widely used in Spanish to express opinions, wants and wishes, and so you have to have at least a basic understanding of how to use this mood and be able to recognise it. Look at the following examples of its use:

Quiero que salga el sol.	**Es posible que salga** el sol.	**No hay ninguna posibilidad de que salga** el sol.	**Prefiero que salga** el sol.
I want the sun to come out.	It's possible the sun might come out.	There's no possibility that the sun will come out.	I'd prefer it if the sun came out.

To form the present subjunctive, take the *yo* form of the verb in the present tense, remove the *-o* at the end and add the endings in the table below. Note that -ar verbs in the subjunctive end in -e and -er and -ir verbs end in -a – exactly the other way round! When you use the subjunctive, the verb is likely to come after the word *que*:

	-ar	-er	-ir
	cant**ar**	com**er**	escrib**ir**
que yo	cant**e**	com**a**	escrib**a**
que tú	cant**es**	com**as**	escrib**as**
que él/ella/usted	cant**e**	com**a**	escrib**a**
que nosotros	cant**emos**	com**amos**	escrib**amos**
que vosotros	cant**éis**	com**áis**	escrib**áis**
que ellos/ellas/ustedes	cant**en**	com**an**	escrib**an**

On p. 36, you saw the subjunctive used in *Yo no creo que intente probar cosas nuevas para aprender* (versus *Yo creo que intento probar cosas nuevas para aprender*). In short:

Yo creo/yo pienso que + indicative (*es*)
Yo no creo que/ yo no pienso que + subjunctive (*sea*)

In the first sentence you are saying you believe/think something is the case and so the indicative is used.

In the second sentence you are saying you don't believe/think something is the case. You are expressing doubt and therefore whatever you don't think is the case needs to be in the subjunctive.

Go back to p. 25, look at Actividad 2, sentence 3. This sentence: "Para terminar, yo creo que es importante para los jóvenes **llevar** una vida sana porque" could also be expressed like this "Para terminar, yo creo que es importante que los jóvenes **lleven** una vida sana porque".

Grammar: Verbs: present continuous and subjunctive

ACTIVIDAD   LEE: EXPRESSING AN OPINION 1

Match the beginning of each sentence with its correct ending:

1 Yo creo que aprender idiomas	a es muy divertido porque te relajas y es bueno descubrir otras formas de pensar.
2 Yo no creo que aprender idiomas	b sea interesante porque en ningún sitio se está como en tu propia casa.
3 Yo pienso que viajar	c es muy importante porque te hace crecer intelectualmente.
4 Yo no pienso que viajar	d sea importante porque todo el mundo habla inglés.

ACTIVIDAD   TRADUCE: EXPRESSING AN OPINION 2

Now apply the same principle and match the halves of each sentence, then translate each one into English.

1 Yo creo que	a está muy bien que te cortes el pelo así.
2 No creo que	b no está bien que salgas hasta las 2 de la mañana el miércoles, porque el jueves tienes clase.
3 Pienso que	c puedo ir a tu casa a las seis de la tarde.
4 Opino que	d cuando vaya de vacaciones a Sevilla, me lo pasaré bomba.
5 El verano que viene	e sea una buena idea que vaya a hablar con Pedro.
6 Me voy a comprar una moto	f aunque llueva.
7 Yo voy a ir de compras	g cuando sea mayor, cuando trabaje, cuando gane mucho dinero, y cuando tenga casa propia.
8 No pienso que	h pueda ir al cine este fin de semana, porque tengo muchos deberes.

Again, note the pattern:

Creo/pienso/opino que + indicative (*está/puedo*).

No creo que + subjunctive (*pueda/sea*).

In sentence 1 you are saying you think/believe that ..., therefore the following verb must be in the indicative (*creo, puedo, ir*).

In sentence 2 you are saying you don't think/believe that..., therefore the following verb must be in the subjunctive (*sea, vaya, pueda*).

In sentences 5 and 6 you are thinking about the future, but the future is uncertain and therefore you need the subjunctive. Note the clue given here: each verb is preceded by *cuando* (when) (*cuando sea, cuando vaya, cuando tenga, cuando termine, cuando estudie*).

Sentence 7 expresses 'even if' (*aunque*) and needs the subjunctive.

DON'T FORGET

Look back at the 'Things to do and think about' on p. 35 for other ways of expressing your opinion.

ONLINE

Head to www.brightredbooks.net to explore this topic further

ONLINE TEST

Test your knowledge of Spanish grammar at www.brightredbooks.net

THINGS TO DO AND THINK ABOUT

Translate the following sentences into English, paying special attention to the expressions followed by the subjunctive.

1. Estoy muy contento de que estudies la carrera universitaria que quieres.
2. Siento que no te guste la comida.
3. Quiero que me llames cuando llegues a Tailandia.
4. Prefiero que me escribas por e-mail.
5. Espero que comáis bien durante las vacaciones.
6. Deseo que te mejores pronto.
7. Es raro que Luisa cante opera.
8. Es imposible que vaya a ganar la lotería.
9. No creo que vaya a aprobar todos los exámenes.
10. No estoy seguro que llegue a la hora.
11. Necesito a un camarero que hable español.
12. Busco a un novio que me entienda.

GRAMMAR
POR/PARA AND PRONOUNS

MUST KNOW: POR AND PARA

In the Directed Writing section you will have come across the prepositions *por* and *para*. It is important that you know when to use each one as well as when neither is required although a preposition is needed in English. For example:

1 *Fui a España una semana* I went to Spain <u>for</u> a week: you would say **Fui a España para** *mejorar mi nivel de español*, 'I went to Spain **to** improve my Spanish'.

Para is used to indicate destination or purpose, for example: **2** *Quiero estudiar para ser profesor.* **3** *He comprado la camisa para Matilde.* It is also used to express a deadline: **4** *Tengo que hacerlo para mañana.*

Por is used to express 'through', 'along', 'on behalf of', 'because of': **5** *Viajamos por Argentina.* **6** *El gato se escapó por la ventana.* **7** *Compré los tickets por Pedro. Por* is also used with verbs of movement such as *ir, venir* and so on to express purpose: **8** *Juan fue por pan.* **9** *Pedro vino por casualidad. Por* also expresses what remains to be done or the whereabouts of something: **10** *La comida está todavía por hacer.* **11** *La carta está por ahí encima de la mesa.*

ACTIVIDAD 1 TRADUCE: POR Y PARA
Translate the sentences 2–11 above

MUST KNOW: PRONOUNS

SUJETO		OBJETO- DIRECTO		OBJETO-INDIRECTO	
yo	I	me	me	me	me
tú	you	you	te	te	you
él/ella/usted	he/she/you sir	him/her/it/you	lo/la	le	him/her/it/you
nosotros	we	us	nos	nos	us
vosotros	you (plural)	you	os	os	you
ellos/ellas/ustedes	they (male and female group)/ they (only female)/you sirs	them/you	los/las	les	them/you

You are already familiar with subject pronouns (*yo, tú, el, ella, usted* (*ud.*), *nosotros, vosotros, ellos, ellas, ustedes* (*uds.*)) and you should be aware that, unlike in English, they are not usually necessary in Spanish as the verb endings carry all the information needed already because each one is different.

contd

Grammar: *Por/para* and pronouns

There are other kinds of pronouns too that you should be familiar with: these are direct object pronouns and indirect object pronouns. Look at the following:

1. Juan ve **la tele** – Juan watches **TV** → Juan **la** ve – Juan watches **it**
2. Juan ve **un partido de baloncesto** en la tele – Juan watches **a basketball match** on TV → Juan **lo** ve en la tele – Juan watches **it** on TV
3. Patricia escribió **un e-mail** *a Roberto* – Patricia wrote *Roberto* **an e-mail** → Patricia *se* **lo** escribió – Patricia wrote **it** *to him*
4. Ellos recogieron **las pizzas y las bebidas** del supermercado – They collected **the pizzas and the drinks** from the supermarket → Ellos **las** recogieron del supermercado – They collected **them** from the supermarket
5. El Presidente del Gobierno no responde *a la oposición* – The Prime Minister does not answer *the opposition's questions* → El Presidente del Gobierno no *le* responde – The PM does not answer them
6. Pepe *me* dijo **que habías llegado** – Pepe told *me* **you had arrived** → Pepe *me* **lo** dijo – Pepe told *me* **(it)**

Notice that when two object pronouns are together, the indirect pronoun comes first, as in 3 and 6.

ACTIVIDAD — ESCRIBE: PRONOUNS

Rewrite the following sentences, substituting the item(s) in bold with the correct pronoun.

1. Ellos compraron **las entradas** la semana pasada.
2. Juan compró **el ordenador** en oferta.
3. José terminó **los deberes**.
4. María vio **la película** en el cine.
5. Juan dio **el dinero a Jesús**.
6. La profesora nos explicó **los pronombres**.
7. La profesora explicó **los pronombres a la otra clase**.
8. Él me dio **las cien libras que me debía**.
9. Roberto le regaló **la moto a su novio**.
10. César te quiere pedir **un favor**.

THINGS TO DO AND THINK ABOUT

Go back to p. 13 and have a look at sentences 1, 4, 6, 12, 13, 14, 18 and 20. Imagine you are asking your friends the following:

1. Me intenta dar consejos → Dame consejos
4. Me escucha → Escúchame.

Continue with the rest.

DON'T FORGET

Le becomes *se* when it is next to another object pronoun (*lo/la/los/las*) as in 3.

DON'T FORGET

In 6 *nos* is an indirect object pronoun '(to) us'. In 8 *me* means '(to) me'. Note how in Spanish it goes in front of the verb: *me dió* = gave me. In 9 *a su novio* is already conveyed with *le*; it could be omitted and the sentence would still be correct. In 10 the indirect pronoun *te* goes after *pedir* (*pedirte*).

ONLINE

Head to www.brightredbooks.net to explore this topic further.

ONLINE TEST

Test your knowledge of Spanish grammar at www.brightredbooks.net

105

APPENDICES

TRANSCRIPTS

SOCIETY

Vamos a presentarnos (pp. 6-7)

ACTIVIDAD 4 ESCUCHA: LA FAMILIA DE LUCÍA

Hola me llamo Lucía y voy a hablar sobre mi familia. Bueno, somos un montón, y en general nos llevamos todos bastante bien. Mis padres son un poco mayores, pero tienen una mentalidad muy abierta, nos dan bastante libertad y confían mucho en nosotros. Creo que esto es muy importante, porque tengo amigos que están peleándose todo el tiempo con sus padres. Aparte de mis padres, tengo dos hermanos mayores, que viven en casa porque están todavía estudiando y aún no tienen dinero para independizarse. También tengo una hermana gemela, con la que comparto habitación. Es bueno tener una hermana gemela porque así tenemos mucha más ropa, ya que la compartimos toda. Al tener una gemela, ninguna es la niña mimada, ni ninguna de las dos tenemos el síndrome del hermano pequeño, que suele estar muy mimado, o el del hermano del medio, que suele ser el olvidado. Ah, y mis abuelos viven en el piso de al lado, así que es como si viviéramos todos juntos. Y en el piso de arriba viven mis tíos y mis cuatro primos. La ventaja de ser tantos es que siempre hay alguien con quien hablar, se puede cocinar juntos, casi siempre hay alguien para ver la tele, y la mayoría de las veces puedo preguntar a mis tíos, primos o hermanos dudas sobre los deberes. El primer inconveniente es que nunca se puede tener un secreto, todo el mundo lo sabe todo, y, en segundo lugar, siempre hay mucho ruido. Como ya he dicho, en mi casa nos llevamos bien, y no hay discusiones. A veces hay malentendidos porque alguien pasa mucho tiempo en la ducha, o porque se le olvida sacar la basura, pero en general hay mucha armonía, y no cambiaría a mi familia por nada en el mundo. Me encanta vivir con tanta gente. Es cierto que no me dejan llegar a casa muy tarde los fines de semana, pero creo que lo hacen por mi bien. De todas formas, ¿para qué quiero estar dando vueltas por la calle si puedo estar en casa con mis amigos?

La familia: padres y hermanos (pp. 8-9)

ACTIVIDAD 2 ESCUCHA: JAIME Y RAQUEL

Jaime: Hola, me llamo Jaime, tengo dieciséis años, tengo una hermana que se llama Raquel. Cuando éramos pequeños, Raquel y yo vivíamos en un pueblecito a las afueras de Madrid con una familia de acogida, según me han contado, aunque no me acuerdo de nada. Victoria y Ana nos adoptaron cuando yo tenía dos años y cuando Raquel tenía un añito solamente. La verdad es que no me acuerdo de mucho. Tengo muy buenos recuerdos de mi infancia: vivíamos en un ático muy grande en el centro de Madrid, me acuerdo de que teníamos una terraza muy grande, y que había muchas macetas y flores. Pasábamos muchas horas en la terraza, jugábamos al escondite, y teníamos bicicletas. Mis abuelos vivían en Murcia, al lado de la playa. Todas las vacaciones íbamos a visitarlos y en verano pasábamos un mes allí. Cada verano nadábamos en el mar en Murcia, y en invierno, íbamos a los Pirineos y esquiábamos siempre en Navidad. Me acuerdo de cómo pasábamos muchas tardes cuando éramos pequeños: a nuestra mamá, Victoria, le encanta cocinar, y me acuerdo que nuestra otra mamá, Ana nos contaba cuentos, y nos enseñaba a leer en la mesa de la cocina mientras Victoria preparaba la comida. Ana es una persona muy alegre, y todas las noches tocaba la guitarra, y nos cantaba a Raquel y a mí antes de acostarnos. Cuando yo era pequeño, bailaba flamenco todos los viernes por la noche, e iba a la piscina los sábados por la mañana con toda la familia.

Raquel: Cuando era pequeña me encantaba ir a la escuela. Algunos de mis amigos, al principio, no comprendían que yo tuviera dos mamás, pero se acostumbraron pronto, y después lo veían con mucha naturalidad. Hoy en día es algo muy normal, es otro modelo de familia. Cuando era más pequeña, aunque pasaba mucho tiempo haciendo los deberes, tenía mucho tiempo para hacer muchas actividades de ocio y pasatiempos con mis dos mamás y mi hermano: por ejemplo, los fines de semana solíamos ir a dar largos paseos por el campo a las afueras de Madrid, nos encantaba montar en bici. Los sábados íbamos al cine o al teatro, y merendábamos con mis otros primos.

contd

¡Qué buenos recuerdos! Sin embargo, ahora que
15 tengo quince años, la vida es mucho más complicada: tengo muchos deberes, y mucha más presión en el instituto, los exámenes me estresan un poco. Tengo buenas amigas, con las que salgo de compras los fines de semana o voy al cine los sábados por la noche.

20 Sin embargo, hay algunas chicas en el instituto que siempre me están criticando porque dicen que soy una 'empollona', que siempre hago los deberes, o porque no llevo maquillaje, o porque no les gusta mi ropa, o porque no tengo novio. En fin, espero que solo sea la
25 adolescencia, porque la vida antes era más fácil.

Los pasatiempos y los fines de semana (pp. 18–19)

ACTIVIDAD — ESCUCHA: JUAN, ELVIRA Y MANUEL

Juan

Para mí, ante todo, el fin de semana es sinónimo de reposo y relajación. El sábado y el domingo son mis días favoritos, porque puedo hacer realmente lo que me gusta. Normalmente durante la semana intento
5 estudiar y suelo terminar todos los deberes, para no tener mucho que hacer durante el fin de semana. Así que, los fines de semana me relajo un montón y tengo tiempo libre: los sábados, suelo ir al cine con mis amigos, a veces mis padres me llevan al teatro o a
10 algún espectáculo de comedia, ¡me encanta ver a los humoristas!

Los domingos normalmente suelo salir por la ciudad con mi pandilla, a veces vamos de compras, aunque la mayoría de las veces sólo miramos porque no tenemos
15 suficiente dinero. También me encanta comerme una hamburguesa o un perrito caliente con mis amigos, aunque mis padres siempre me recuerdan que no debería comer tanta comida basura porque no es un alimento muy sano.

Elvira

Me encantan los fines de semana. Los sábados tengo que ayudar en casa con las tareas domésticas, estudiar, y terminar la tarea de la escuela. No es muy divertido a primera vista, pero me encanta pasar tiempo con
5 mis padres y hermanos. Como estoy estudiando bachillerato, tengo muchísimos deberes, así que mis padres me dicen que sólo tengo que ordenar mi cuarto, y en verano, ayudar en el jardín. Los sábados por la noche, mis padres no me dejan ir a discotecas porque
10 ellos dicen que todavía soy demasiado joven para salir por ahí por la noche. La verdad es que me da igual, porque a veces mis amigos organizan fiestas de pijama o a veces celebramos cumpleaños y siempre nos lo pasamos bomba. El domingo suele ser un día más
15 tranquilo, aunque por las mañanas juego al baloncesto en el equipo de mi barrio. Creo que es importante estar activa y aunque no sea una jugadora estrella, me lo paso muy bien haciendo deporte.

Manuel

Vivo en Madrid, que es la capital de España, y es una ciudad a veces muy estresante. Tardo cuarenta y cinco minutos en metro en llegar al instituto donde estoy estudiando un módulo de formación profesional de
5 electricidad. De mayor, me gustaría ser electricista. Los fines de semana son mi momento favorito de la semana porque me voy con mis padres y mis hermanos a la casa de mis abuelos en el campo, a las afueras de Madrid. Me encanta hacer esto. Es una casa grandísima. Allí se
10 quedan también mis tíos y mis ocho primos, así que somos un montón en la misma casa. A todos nos gusta jugar al futbol y salir en bicicleta, y como somos ocho, nos lo pasamos en grande. Creo que es una experiencia muy positiva, el hecho de compartir mesa para comer
15 con otras quince personas. A veces puede ser difícil cuando tenemos que hacer cola para ir al cuarto de baño. Tengo amigos que durante los fines de semana se quedan siempre en casita viendo la tele o navegando por Internet, o jugando a la consola. ¡Para mí eso sería
20 aburridísimo!

APPENDICES

La televisión, el cine y las nuevas tecnologías (pp. 20–21)

ACTIVIDAD 2 ESCUCHA: IGNACIO Y CRISTINA

Ignacio

Las nuevas tecnologías e internet han cambiado muchas cosas en los hogares españoles. En nuestros días, es muy raro que en las casas no haya un par de ordenadores o tabletas con conexión a internet. En efecto, las nuevas tecnologías, tanto como los móviles de última generación, ocupan un lugar bastante importante en nuestras vidas, algunas veces demasiado grande. Las opiniones sobre este tema suelen ser muy diversas y a veces muy negativas: Mi profesor de filosofía dice que las nuevas tecnologías embrutecen, e insensibilizan a las personas. Según él, muchos jóvenes prefieren pasar horas y horas chateando o viviendo en su mundo virtual que con sus amigos charlando cara a cara o paseando, o haciendo deporte. Mi madre dice que algunos niños pequeños pasan horas y horas en sus teléfonos o en las tabletas y tienen acceso a algunas películas de acción donde hay mucha violencia, y algunos niños pequeños se habitúan a la violencia con bastante naturalidad. Son demasiado pequeños para encontrar la diferencia entre lo real y lo ficticio. Mi padre dice que hay muchos niños pequeños que por error entran en páginas pornográficas o están expuestos a material que no es nada adecuado para su edad. Incluso algunos adolescentes hablan en la red con personas que creen que son de su edad, pero que en realidad pertenecen a grupos de pederastas organizados. Sin embargo, todos, empezando por mi profesor de filosofía, o mis padres, opinan que no todo son inconvenientes, también hay ventajas: por ejemplo, internet y las nuevas tecnologías han revolucionado las comunicaciones a nivel mundial, todo el mundo puede estar conectado e informado de todo lo que pasa en el mundo. Por ejemplo, en el norte de África, ha habido revueltas, conocidas como la Primavera Árabe, de las que se supo gracias a la información disponible en internet.

Cristina

Personalmente yo no veo mucho la televisión en España. De entrada no tengo mucho tiempo, y por otra parte creo que muchos programas de televisión no merecen la pena porque son un poco tontos. Creo que hay demasiada televisión basura en nuestros días. No soporto los programas de telerrealidad, como *Gran Hermano*. Mis padres me cuentan que hace veinte años no había mucha variedad, pero que todo lo que ponían en la tele era bastante interesante. Hoy en día hay familias que tienen televisión digital con ochocientos canales, pero, en realidad, las emisiones son una porquería. Yo utilizo mucho internet. Lo utilizo para hablar con mis amigos en las redes sociales, para hablar por Skype con mi hermano que vive en Londres, para ver fotos de mis amigos en Facebook, y para hacer los deberes. Cuando tengo dudas, puedo buscar las cosas en internet, aunque a veces sea difícil encontrar páginas de las que te puedas fiar. No todo lo que sale en internet es verdad. Hay mucha gente que no sabe navegar por la web.

ACTIVIDAD 3 ESCUCHA: GONZALO'S THOUGHTS ABOUT CINEMA

Hola Gonzalo, ¿qué tal?

Muy bien, ¿y tú?

Yo muy bien gracias. ¿Te parece que hablemos sobre el cine?

Vale.

Bueno Gonzalo, dime, ¿vas mucho al cine?

Sí, suelo ir muy a menudo. Normalmente voy un par de veces al mes. Aunque ahora, como tengo muchos deberes solamente voy una vez al mes.

Dime Gonzalo, ¿cuál fue la última película que has visto?

Bueno, como esto es un examen de español voy a hablar sobre la ultima que vi en español con mi madre. La película se llama Ocho Apellidos Vascos.

Ah Gonzalo, y, ¿de qué trata la película?

La película es una película de humor. En ella se muestran muchos estereotipos de las distintas partes de España. Una chica vasca conoce a un chico andaluz en Sevilla. La aventura comienza porque Rafa decide seguir a Amaia al País Vasco. La película muestra en clave de humor como los andaluces, según los estereotipos, son muy relajados, impuntuales y están todo el día de fiesta. Por otro lado la película muestra un País Vasco donde todo el mundo es muy exagerado, tiene miedo a expresar los sentimientos y muy cabezotas. El papá de Amaia solo permite que su hija se case con un verdadero vasco, por eso Rafa dice que todos sus abuelos y todos sus ocho apellidos son vascos.

¿Te sabes los ocho apellidos, Gonzalo?

Si, aquí tengo el DVD. Los apellidos por parte de padre son: Gabilondo, Urdangarín, Zubizarreta, Arguiñano, y por parte de la madre: Igartiburu, Erentxun, Otegi y Clemente.

Qué interesante, este fin de semana yo voy a ver la segunda parte que se llama Ocho Apellidos Catalanes donde seguramente saldrán catalanes independentistas y tacaños.

¿Con quién sueles ir al cine, Gonzalo?

Normalmente voy al cine con mis amigos, pero algunas

veces voy con mis padres.

¿Y con quién prefieres ir al cine?

Pues a ver, me gusta ir con mis amigos pero igualmente me gusta ir con mis padres porque me llevo súper bien con ellos. Tengo un amigo que trabaja en un cine y así es gratis para mí.

Y cuando vas al cine Gonzalo, ¿te gusta comprarte palomitas, helado o caramelos?

Sí, cuando voy al cine siempre me compro palomitas con una botella de agua. No me gusta ver una película en el cine sin nada que comer.

Yo odio las personas que hacen mucho ruido en el cine.

Tranquilo que yo no hago mucho ruido. No soy una de esas personas.

Y, ¿qué tipo de películas te gusta ver normalmente?

A mí me gusta ver películas dramáticas como por ejemplo *La Lista de Schindler*, y *El Hombre Pájaro*. Pero también me gustan las películas de humor como por ejemplo *Ocho apellidos Vascos*. No me gustan las películas de acción o ciencia ficción, porque hay muchas explosiones.

¿Que no te gustan las películas de ciencia ficción? pero ¿yo creía que tu película favorita era Doctor Who?

Como serie de televisión me gusta, pero como película no. Ha habido películas de *Doctor Who*, que no han sido muy buenas.

¿Dónde prefieres ver las películas, prefieres verlas en casa o en el cine?

A mí me encanta ver películas en el cine porque el ambiente es mejor. También en el cine la pantalla es más grande, y el sonido es mucho mejor. Me divierto más viendo películas en el cine ya que cuando voy al cine y se apagan las luces, logro olvidarme de todo. En casa si estoy viendo la tele y me suena el móvil pues miro los mensajes, o en la publicidad me puedo levantar a prepararme una taza de té. Esto es un rollo porque corta la emoción de la película.

Y, ¿te gustaría estudiar algo que esté relacionado con el cine en el futuro?

Yo quiero ser actor cuando sea mayor.

A ver, un momento Gonzalo, tú ya eres actor porque ya has salido en varias películas, ¿no?

No en películas, en series de televisión. Pero solamente como un extra, no un papel principal. Pero en el futuro me gustaría ir a una escuela de arte dramático.

La salud y el bienestar 2 (pp. 24-25)

ACTIVIDAD — ESCUCHA: EXAM-STYLE TASK

Part A

Para mantenerme en forma, yo hago mucho deporte cuando puedo, aunque no tenga mucho tiempo. Este año yo estoy estresado porque tengo mucha presión y paso cinco horas al día haciendo deberes del instituto. Tengo que sacar buenas notas para poder estudiar en la universidad. Cuando tengo tiempo, algunas tardes y los fines de semana, me gusta relajarme con mis pasatiempos: voy a clases de baile, me encanta el hip-hop, salgo a pasear en bici los fines de semana, voy a correr y nado. Es bueno estar en forma, y al hacer deporte, me siento mucho mejor para volver a concentrarme en los estudios. El deporte es también una manera de socializarme con mis amigos y familia. Por ejemplo, estoy en el equipo de waterpolo, y después de entrenar vamos a comer juntos. Doy paseos en bici con mi padre, así pasamos tiempo juntos.

Comer bien, en mi opinión, es muy importante también. Yo tengo una dieta equilibrada. No como comida basura, aunque a veces, los fines de semana, después de entrenar al waterpolo, nos comemos una hamburguesa. En general tengo mucha suerte, porque mis padres tienen mucho tiempo para cocinar, y siempre comemos sano en casa. Nunca comemos comida congelada o platos preparados para calentar en el microondas. Por otro lado, como mucha fruta y verdura. En Escocia no es fácil, porque pienso que la fruta y la verdura es demasiado cara. No me gustan las bebidas energéticas porque tienen mucho azúcar, no bebo alcohol y no fumo. ¡Qué asco!

Finalmente, yo creo que es importante para los jóvenes llevar una vida sana porque no es bueno estar obeso, ya que existe el peligro de tener otras enfermedades como la diabetes, o, morir de un ataque al corazón cuando se es un poco mayor. Yo prefiero ser un chico activo, me gusta llevar una vida sana y hacer deporte con mi familia y amigos.

APPENDICES

Part B

Luis: Hola, Ana, ¿qué tal tu fin de semana?

Ana: Pues fatal Luis, porque en mi casa tenemos un problemón. Mi hermano, que como sabes tiene 18 años y lleva muy poco tiempo con el carné de conducir, fue a una fiesta con sus amigos en el coche nuevo de mi padre. En la fiesta tomaron algunas copas, y después, el muy tonto, en vez de dejar el coche allí y tomar un taxi, decidió conducir a casa.

Luis: Ay, ay. ¡Qué inconsciente! ¡Qué poco sentido común! ¿Le ha pasado algo?

Ana: Bueno, dentro de lo que cabe, está bien. No le ha pasado nada ni a él, ni a sus amigos, ni a nadie más. ¡Menos mal! Sin embargo, tuvo un accidente aparcando el coche en el garaje de casa, y lo ha destrozado. Cuesta cinco mil euros arreglarlo. Y mi padre, que estaba despierto, se dio cuenta que mi hermano se había tomado un par de copas de alcohol.

Luis: Y tus padres, ¿han castigado a tu hermano?

Ana: Sí, ya te digo. Para empezar, le han buscado un trabajo en el supermercado del barrio. Ahora trabaja ocho horas los sábados y ocho horas los domingos, pero va a tardar mucho tiempo en ganar cinco mil euros. Hasta que no gane y ahorre cinco mil euros no podrá volver a conducir.

Luis: Pues va a tardar mucho tiempo.

Ana: En realidad, no los va a ahorrar jamás, porque en el supermercado gana 100 euros a la semana, y mis padres le hacen pagar 80 euros de alquiler y comida por semana, que mi hermano tendrá que pagar todas las semanas.

Luis: Un castigo muy grande. Sin embargo, no estoy seguro que así vaya a tomar conciencia de lo que podía haber pasado al conducir bebido, y las consecuencias que beber al volante pueden acarrear.

Ana: Ya, pero espera. Mi madre, que como sabes es médico, le ha organizado unas prácticas de trabajo este verano, después de los exámenes, en su hospital. Va a trabajar en el departamento de fisioterapia, ayudando a los fisioterapeutas con personas que están en silla de ruedas por accidentes de tráfico. Creo que este es el castigo que va a tener más impacto, y del que va a aprender más.

Luis: Pues vaya como está tu casa. Oye, ¿tus padres saben que fumas?

Ana: No lo sé, no estoy segura, pero creo que no. Solo fumo los fines de semana, cuando salgo contigo, y después me tomo un chicle para que no noten el olor. En mi dormitorio, siempre escondo los cigarrillos muy bien. Creo que no se han dado cuenta, pero de todas formas, he decidido que voy a dejar de fumar, porque es malísimo para la salud, los dientes se me están poniendo amarillos, y el tabaco cuesta mucho dinero. Además, cuando hago educación física, me canso mucho más rápido que antes.

LEARNING

Los deberes del instituto y las presiones de los estudiantes (pp. 32-33)

ACTIVIDAD — USEFUL SCHOOL PHRASES

F: Hola Rosario, cuánto tiempo sin verte, ¿cómo te va la vida?

R: Hola, Federico, ¿qué tal todo? Pues a mí me va bien, aunque estoy muy liada con los estudios, pensando en mi futuro y todas esas cosas.

F: Claro Rosario, ¿en qué curso estás?

R: Pues este año estoy estudiando bachillerato y en mayo haré los exámenes de selectividad, así que tengo muchísimo trabajo y no paro de hacer deberes.

F: Ah, ¿os mandan muchos deberes?

R: En mi opinión creo que nos mandan demasiados deberes. Todas las tardes me paso tres horas haciendo deberes, es un rollo. No me da tiempo de relajarme, salir con mis amigos, o ver la tele. Algunos profesores nos mandan deberes muy difíciles y es muy frustrante porque no los entiendo. Otros profesores se enfadan mucho cuando no hacemos los deberes.

F: ¿Qué asignaturas encuentras particularmente difíciles?

R: Mis padres quieren que en el futuro sea médico, así que estudio biología, física, química y matemáticas. La verdad es que las ciencias no se me dan tan bien como mis padres quisieran. Me pagan un profesor particular que viene a casa y todo, pero creo que tienen expectativas muy altas para mí, y esto me agobia.

F: ¿Y qué dicen tus profesores?

R: Mis profesores son muy comprensivos conmigo y me ayudan mucho. Además en clase hacemos muchos experimentos, trabajamos en grupo y esto me da confianza en mí misma. El instituto es muy moderno, y a mí me gusta mucho trabajar con la ayuda de la tecnología digital. Por ejemplo hago mucho trabajo con Scholar y así puedo aprender de una manera más independiente, a mi propio ritmo.

F: ¿Y qué asignaturas se te dan bien?

R: Me encanta la educación física porque soy una chica muy activa y me encanta el deporte, también me gusta la filosofía, porque ya sabes que en España es obligatoria para todos los alumnos. Me encantan las asignaturas donde nos hacen pensar y reflexionar. Creo que es mi favorita.

contd

F: ¿Y los idiomas? ¿Sigues estudiando algún idioma?

R: Sí, claro hombre, los idiomas son muy importantes. Estudio inglés y francés. Tengo amigos por correspondencia en Francia y en Escocia y nos escribimos correos electrónicos o hablamos por Skype. Me gusta mucho escuchar música en inglés y creo que los idiomas son importantes porque te abren la mente. No he viajado mucho todavía, pero en el futuro me gustaría tomarme un año sabático y viajar por el mundo.

F: ¿Es emocionante hablar del futuro?

R: Es emocionante pero me da miedo. No sé lo que me gustaría hacer en el futuro. No sé si ir a la universidad, si hacer alguna formación más practica y buscarme un trabajo, o si irme de niñera algún tiempo al extranjero para perfeccionar mi nivel de inglés.

F: Bueno, tiempo al tiempo Rosario. Es normal tener un poco de miedo, pero puede ser muy excitante también.

R: Ya Federico, gracias, tienes razón, un beso, hasta otra.

Decisiones, decisiones (pp. 34–35)

ACTIVIDAD ESCUCHA: ROCÍO BAZÁN

I: Hola Rocío, es un placer tenerte con nosotros en nuestro programa de radio.

R: Muchas gracias por darme esta oportunidad de aparecer en la radio nacional.

I: Cuéntanos Rocío, ¿cómo empezaste a cantar?

R: Desde pequeña me ha encantado cantar. Mi padre toca la guitarra, y desde que estaba en la escuela primaria, siempre estaba cantando todo el día. No hacía siempre los deberes, pero eso sí, cantaba todo el tiempo. Siempre que había una fiesta, allí estaba yo cantando y tocando las palmas.

I: Y ahora te dedicas a esto profesionalmente.

R: Sí, ahora me dedico a viajar por todo el mundo, cantando y bailando. He estado de gira por China, Japón, Asia, los Estados Unidos, casi todos los países europeos y también por América Latina.

I: ¿Crees que es importante que en la escuela se enseñe a cantar flamenco?

R: Bueno, creo que es muy importante expresar los sentimientos y las frustraciones a través de la música, ya sea cantando o tocando algún instrumento musical. Es muy importante que los chicos en la escuela y en los institutos aprendan música. Pero todos los niños y jóvenes, no tan sólo los que tienen dinero.

I: Mira lo que ha hecho el Gobierno de Venezuela con 'El Sistema'.

R: Sí, muchos niños pobres de familias desfavorecidas socialmente están aprendiendo a tocar algún instrumento musical o a cantar, y está demostrado que cuando los jóvenes tienen una afición, como se produce una motivación muy importante en los jóvenes, esto hace que no se involucren tanto en comportamientos peligrosos o de riesgo. En otras palabras, las estadísticas muestran que los jóvenes que tienen pasatiempos o hobbies cometen menos delitos o ponen menos sus vidas en situaciones peligrosas.

I: Y ¿Qué piensas tú de continuar con las tradiciones?

R: Claro, también creo que es importante continuar con las tradiciones que son sanas. El flamenco tiene mucha historia y es una manera de comunicación muy antigua. No estoy de acuerdo con las tradiciones donde se hace sufrir a los animales, como por ejemplo en la fiesta taurina, esto es, los toros, en España, o en la caza del zorro en Inglaterra o en Escocia. Esto me parece lamentable.

Intercambios y años sabáticos (pp. 38–39)

ACTIVIDAD ESCUCHA: SCHOOL EXCHANGES AND GAP YEARS

Jeanne

Jeanne: Me llamo …

Teacher: ¿Y de qué nos vas a hablar?

Jeanne: Para empezar voy a hablar sobre mi intercambio aquí en Escocia, porque soy de …, en Francia. Me gusta mucho estar en este país porque es muy diferente de lo que conozco en Francia. Cuando decidí hacer este intercambio, no quería venir a Escocia, esperaba ir a Inglaterra o a Irlanda porque Londres es mi ciudad favorita, de todos los países que he visitado. Durante las primeras semanas no fui al colegio porque debí adaptarme a mi nueva familia, a mi hermana noruega, a la comida, al acento, a la ciudad. Fue muy difícil acostumbrarme al acento porque el acento escocés es muy duro y diferente del inglés que he aprendido toda mi vida. Pienso que lo que más me sorprendió fue que los escoceses pronuncian la 'r' como los españoles a veces. Voy a …, que es muy

contd

APPENDICES

diferente de mi colegio en Francia. Por ejemplo, aquí tengo solo cinco asignaturas, que son fotografía, decoración de pasteles, religión, inglés y español. Sin embargo en Francia tengo muchas más asignaturas, como historia, geografía, matemáticas, física, química, francés, inglés, español, literatura extranjera, historia del arte, educación física y muchas más opciones ¡qué rollo! Vivo aquí con ..., mi hermana noruega y una preciosa familia. ... y ... son unas personas muy agradables, y ... y yo nos sentimos como en casa. Me gusta mucho estar con esta familia porque hacemos muchas cosas juntos, como cocinar, practicar deportes, visitar edificios o visitar a la familia, y me gusta mucho la comida que prepara .... ¡Está deliciosa! Todas las semanas comemos muchas cosas diferentes, como pescado, patatas, pasta, ensaladas y todo eso nos proporciona una dieta bastante sana. Estoy muy contenta de este año aquí porque descubrí otra cultura, mejoro mi nivel de inglés y mi nivel de español, tengo muchos amigos nuevos y me lo paso bomba. Además, esta experiencia me ha permitido viajar y me gusta mucho viajar.

Teacher: Muy bien, muchas gracias, ¡qué interesante! Y, ¿piensas que tener a ... te ayuda a pasar esta experiencia?

Jeanne: Sí, claro, pienso que tener una hermana extranjera es muy gratificante porque creo que me ayuda mucho a pasar esta experiencia, porque tener a alguien que sabe lo que es vivir sin su familia es muy útil y positivo, y pienso que la integración es mucho más simple, porque nunca estás sola.

Teacher: Sí, está bien. Pero, ¿echas de menos a tu familia?

Jeanne: No a toda la familia, pero yo extraño mucho a mi mamá.

Teacher: Dices que te gusta Londres, ¿por qué?

Jeanne: Pienso que es una capital muy agradable y moderna, y me gusta mucho la gente. Pienso que son fenomenales. Pues, (ehhh). Me gusta mucho el acento inglés, pues, no sé porqué.

Teacher: Prefieres el acento inglés al acento escocés. Bueno, que bien. ¿Cuántas veces has ido a Londres?

Jeanne: No sé exactamente, puede ser diez o quince veces.

Teacher: Y, ¿dónde has viajado?, ¿hay otros países?

Jeanne: Fui a Italia, Egipto, Grecia, Alemania, Inglaterra y Escocia, la isla de la Reunión, que está cerca de Madagascar, y España y Suiza.

Teacher: Y, ¿qué país te gusta más?

Jeanne: Pienso que es Italia.

Teacher: ¿Sí? ¿Por qué?

Jeanne: Porque fui con mi colegio cuatro días.

Teacher: ¿Adónde?

Jeanne: A Florencia. Visitamos muchas cosas como edificios y museos, y me gusta mucho el arte italiano, pienso que es el más guapo del mundo, con el australiano, y la comida.

Teacher: ¿Te gusta la comida?

Jeanne: Sí, es maravillosa...

Teacher: ¿Qué has comido?

Jeanne: Helados, pasta, pizza, pan, pasteles, la comida está muy rica y es muy buena. Me voy durante las vacaciones para visitar a una amiga y aprender un poquito de italiano.

Teacher: ¿Tienes muchos amigos italianos?

Jeanne: Solo dos.

Teacher: ¿Y tienes amigos españoles también?

Jeanne: Sí,

Teacher: ¿Y dónde viven en España?

Jeanne: En Valencia.

Teacher: ¿Y es por eso que te gustan los idiomas?

Jeanne: Sí, por supuesto. Me gustaría hablar inglés, francés, español, italiano y ruso.

Teacher: Muy bien, ¿cuántas lenguas hablas ahora?

Jeanne: Tres, inglés, español y francés. Y aprendo un poquito de italiano.

Teacher: ¿Qué te gustaría hacer en el futuro?

Jeanne: Me gustaría organizar bodas.

Teacher: Bodas, ¿por qué?. ¿Te gustan las bodas?

Jeanne: No.

Teacher: ¿No te gustan las bodas? Bueno, ¿por qué querrías hacer este trabajo?

Jeanne: Porque me gusta hacer feliz a la gente y organizar eventos.

Teacher: ¿Qué tipos de eventos?

Jeanne: Exposiciones, bodas, fiestas, y como te dije, me gusta mucho viajar y esta profesión me permite estudiar el turismo y la gestión de eventos.

Teacher: Y, ¿vas a ir a la universidad después del insti?

Jeanne: Sí, creo que en Francia.

Teacher: ¿Y quieres casarte en el futuro?

Jeanne: No.

Teacher: No, ¿nunca? ¿Pero tienes novio?

Jeanne: Sí, escocés.

Teacher: Ah, hasta luego.

Giacomo

Teacher: Hola, ¿qué tal?

Giacomo: Bien.

Teacher: Pues el examen tiene dos partes, ¿vale? La primera parte es una presentación, y en la segunda yo te hago preguntas, ¿sí?

Giacomo: Sí.

Teacher: Pues dime, ¿de qué nos vas a hablar? ¿Cuál es tu tema?

Giacomo: En esta presentación me gustaría hablar sobre mi vida, y los planes que tengo para el futuro.

Teacher: Pues te escucho.

Giacomo: Yo soy italiano, pero en este momento estoy en Escocia, para hacer un intercambio de cinco meses porque me gustaría aprender inglés, y también aprender más sobre la cultura escocesa. Normalmente yo vivo en …, en una ciudad que se llama … que está en el sur de …, y es una ciudad muy bonita. Allí, vivo con mi familia, que son mi madre, mi padre y mi hermana. Mi madre y mi padre tienen 50 años, casi 50 años, y los dos trabajan en la escuela. Mi padre es profesor de historia, y mi madre es profesora de italiano. Mi hermana tiene 33 años, por lo tanto tiene 16 más que yo, y trabaja en el norte de …, también como profesora. Trabaja con su marido porque está casada. Ella también tiene una hija que se llama …, por lo tanto yo soy tío. Y allí vive con su familia. Mi hermana voló del nido cuando tenía 27 o 28 años, después de haber terminado los estudios en la universidad. A mí también me gustaría ir a la universidad, y me gustaría hacer economía o medicina, pero me gustaría ir a vivir solo desde el comienzo de la universidad. Me gusta mucho el sector de la medicina, porque me gusta ayudar a la gente, y también porque se puede ganar dinero, mucho dinero. También me gusta el sector de la economía, por lo mismo, porque me gustaría ganar mucho dinero. En este periodo, ahora, es muy importante tener mucha plata, si hay que sobrevivir. Me gustaría también trabajar en el extranjero, para aprender muchas lenguas, ya estoy estudiando español e inglés, pero me gustaría también aprender alemán o francés. Y también por la misma causa: me gustaría ganar mucho dinero. Pero me gustaría volver a mi nido, como cuando tenga casi 50 o 60 años, para trabajar en Italia. Me gustaría también trabajar en el ámbito político, y trabajar en el sector de la escuela y de la sanidad.

Teacher: Aunque en la escuela y la sanidad, bueno, ¿en la escuela no hay dinero, no?

Giacomo: No es que no haya dinero, es que en Italia siempre se prefiere recortar el dinero en el sector público, porque como estamos en un periodo de crisis, es más fácil recortar en la escuela o la sanidad que en el sector privado.

Teacher: Y, háblame, ¿qué tal tu año en Escocia? ¿Lo estás pasando bien?

Giacomo: Sí, lo estoy pasando bien. He conocido a mucha gente nueva, y también estoy mejorando mi nivel de inglés.

Teacher: Háblame de la casa donde vives. ¿Dónde vives?

Giacomo: Vivo en …, con una familia que está compuesta por la madre, el padre y cuatro hijas, aunque tres no están en la casa. También un hijo, pero él también trabaja fuera.

Teacher: ¿Y tienes compañero de casa?

Giacomo: Sí, tengo un compañero que se llama …, que él también está haciendo unos meses fuera para estudiar inglés.

Teacher: ¿Es simpático?

Giacomo: Creo que sí.

Teacher: ¿Y te ayuda hablar castellano con … en la casa?

Giacomo: Sí, a veces hablamos castellano porque es más sencillo, y si queremos hablar entre nosotros y no queremos que nadie nos entienda es mejor.

Teacher: Vale, háblame ¿cuáles son las diferencias más grandes que has visto entre Escocia e Italia?

Giacomo: La diferencia principal es el clima, porque aquí es muy distinto, y aquí hace todos los días frío, y todos los días llueve, mientras que en Cerdeña hace siempre calor y se puede ver el sol. Aquí, casi nunca he visto el sol.

Teacher: Y hoy hace bueno, hoy hace muy buen día. Y cuéntame, ¿hay otras diferencias? Por ejemplo a nivel de la comida.

Giacomo: Sí, extraño mucho la comida italiana, aquí la comida es mucho más 'fast food' (comida rápida). No quiero decir que los escoceses no sepan cocinar, no es eso, decimos que en su cultura, la cocina no es una de las preocupaciones de la gente.

Teacher: Vale, eres muy correcto. Me has hablado, que en Italia, tus papás, los dos son profesores, pero a ti en el futuro te gustaría trabajar o en la política o en la economía. ¿Por qué quieres trabajar o en la política o en la economía? ¿Solamente por hacer mucho dinero?

Giacomo: Sí, esa es una de las razones principales.

Teacher: ¿Tú piensas que el dinero es más importante que la satisfacción personal?

Giacomo: Sí (*laughs*).

Teacher: Ah, vale, eres muy sincero. ¿Tus padres te han enseñado esto?

Giacomo: Me han enseñado a pensar, para que piense correcto.

Teacher: Tu hermana, ¿también se dedica a la educación?

Giacomo: Sí, porque ella piensa que la educación es muy importante y a ella le había siempre gustado trabajar en ese sector, como profesora.

Teacher: Oye, y cuando vuelvas a Italia, ¿tienes que hacer

APPENDICES

exámenes? ¿Te queda más tiempo en el instituto o ya vas a la facultad?

Giacomo: No, tendré que hacer otro año en la escuela italiana, y después puedo ir a la universidad.

Teacher: Vale, vale, y cuando vayas a la universidad, ¿vas a volar del nido? ¿No te vas a quedar en …?

Giacomo: Me gustaría ir a estudiar al norte de Italia, o también al extranjero, pero no sé.

Teacher: ¿Qué cosas echas más de menos cuando no estás en casa?

Giacomo: Aquí, como ya he dicho, extraño el tiempo y también la comida.

Teacher: ¿A tus padres no?

Giacomo: No, no los extraño mucho. Extraño más a mis amigos.

Teacher: ¿Y cómo te comunicas con tus amigos?

Giacomo: Hablamos por WhatsApp todos los días, y también por Skype, no todos los días, una vez cada semana, o cada dos semanas.

Teacher: Y, ¿has hecho algo interesante desde que estás en Escocia? ¿Alguna salida cultural interesante?

Giacomo: Ayer hemos ido al museo 'National Gallery',

Teacher: ¿Y te gustó?

Giacomo: Sí, era particular.

Teacher: ¿Pero también has estado en partidos de rugby?

Giacomo: Sí, he ido al partido de Italia contra Escocia …

Teacher: ¿Qué tal fue eso?

Giacomo: Me lo pasé bomba.

Teacher: Bueno, llevamos unos nueve minutos, yo creo que es suficiente, ¿vale? Ha sido un placer hablar contigo, hasta luego.

Cole

Teacher: Bueno, el examen oral tiene dos partes. La primera es una presentación, y en la segunda parte yo te voy a hacer preguntas.

Cole: Sí.

Teacher: Vale, pues dime, ¿de qué nos vas a hablar en la presentación?

Cole: En esta presentación voy a hablar sobre mi vida, en particular mis estudios. Voy al colegio de …, y estoy en primero de bachiller. Este año estoy estudiando cinco asignaturas, incluyendo español. Para mí, es muy importante aprender español, porque me gustaría pasar un año sabático por toda América Latina. También estudio inglés, matemáticas, biología, y química. Soy ávido en las ciencias (very high-level Spanish, another way of saying *se me dan bien las ciencias*) aunque creo que las matemáticas son aburridas. En mi insti tenemos ochocientos alumnos, es demasiado. En general mis profesores son todos bastante simpáticos, aunque hay algunos que son muy severos. Para mí es muy difícil compaginar mis estudios con mi vida social. Ahora voy a hablar sobre mis pasatiempos. Juego al hockey dos veces a la semana después del instituto, con un equipo masculino. Los jueves soy voluntario en el hospital que se llama …. Hago de voluntario porque en el futuro quiero ser médico. Cuando vaya a la universidad, será una experiencia muy reconfortante, aunque a veces sea dura. En general es muy difícil hacer todos los deberes, salir con mis amigos, hacer deportes, para ser un chico sano, y ser voluntario, pero a mí me encanta estar ocupado.

Teacher: Bueno, a ver, genial. En tu presentación me has dicho que quieres tomarte un año sabático en América Latina, dime, ¿por qué?

Cole: Me gustaría pasar un año sabático en toda América Latina porque quiero viajar y tener la oportunidad de mejorar mi español.

Teacher: Hay una película muy interesante de un chico médico que va por América Latina, ¿te suena *Diarios de motocicleta*?

Cole: Sí, me encantó.

Teacher: ¿Por qué? ¿Por qué te interesa / te encantó tanto? ¿Conoces al personaje principal?

Cole: Sí, sí, Che Guevara.

Teacher: ¿Y, por qué te gusta el Che Guevara?

Cole: Pues me encanta el Che porque creo que era un revolucionario. La película era muy triste, pero me gustó. Me parece que el Che era un medico con mucha empatía.

Teacher: Y dime, cuando vayas a América Latina, ¿hay un país en particular al que te gustaría viajar o quieres viajar por todos lados? ¿Qué te gustaría visitar?

Cole: Pues, quiero ir a Colombia.

Teacher: Colombia, y, ¿por qué Colombia?

Cole: Pues porque Colombia es un país con paisajes hermosos, y creo que la cultura es muy rica. Además, creo que la cultura de España es bastante interesante.

Teacher: Ah, muy interesante la cultura española, y ¿has estado ya en España?

Cole: Desafortunadamente nunca he ido, sin embargo, este año, después de mis exámenes, voy a Madrid para ser un chico au pair.

Teacher: ¿Vas a ser un chico au pair? ¿Y por qué quieres trabajar en España? ¿Y con niños chicos españoles? ¿Por qué?

Cole: Porque por un lado es una manera barata de pasarme un mes entero en España, y me va a venir muy bien para mejorar mi nivel de español, porque el año que

Appendices: Transcripts

viene, cuando esté en segundo de bachiller, quiero estudiar español a nivel de Advanced Higher. Recuerda que cuando sea mayor me gustaría pasar un año sabático en Colombia.

Teacher: Y, ¿qué edad tienen los niños con los que trabajas?

Cole: Los niños que se llaman …, … e …. … tiene 9 años, … tiene 6 años, e … tendrá 4 años. Es su cumpleaños en abril.

Teacher: ¿Y te gusta trabajar con niños?

Cole: Sí, me encanta trabajar con los niños porque soy muy simpático y maduro.

Teacher: Y, ¿has visto a los niños? ¿Has hablado con los niños?

Cole: En Skype.

Teacher: Y bueno, vamos a cambiar de tema. Me has dicho que en el futuro, cuando vayas a la universidad, quieres estudiar medicina. ¿Sabes en qué universidad te gustaría estudiar?

Cole: Pues, me gustaría estudiar en la Universidad de Glasgow, porque es una gran ciudad.

Teacher: A mí me gusta mucho Glasgow. Cuando vayas a Glasgow, ¿dónde vas a vivir? ¿Tienes ganas de ir a vivir con tus amigos o en una residencia universitaria? ¿Dónde quieres vivir?

Cole: Quiero vivir con mis amigos, por supuesto. Además, me muero de ganas por irme de casa, porque creo que mis padres son un incordio.

Teacher: Bueno, ellos no van a escuchar esto. Menos mal que ellos no escuchan esto. ¿Echarás de menos a tu familia?

Cole: Umm, quizás un poco. Pero Glasgow está bastante cerca de Edimburgo, así que pueden visitarme a veces.

Teacher: Ah, ellos pueden visitarte a ti, pero, tú también puedes visitarlos a ellos, ¿no? Estoy viendo aquí, algo sospechoso. Ya, ya, ellos pueden venir a verme, bueno, tú también puedes volver. Dime, ¿cuáles son las ventajas de vivir con la familia o sin la familia?

Cole: Por un lado es más barato vivir con mi familia, porque todas las comidas son gratis, y no tengo que limpiar la casa. Y por otro lado, no tengo independencia, y no puedo salir por la noche con mis amigos.

Teacher: ¿A qué hora hay que volver a casa?

Cole: A las 10, o las 11.

Teacher: Eso está muy bien, yo voy a la cama a las 8, las 11 está muy bien. Bueno, dime, ¿qué te gusta hacer con tus amigos hasta las 10 o las 11?

Cole: Normalmente voy al cine con ellos, y comemos chocolate.

Teacher: Vamos a cambiar de tema, vamos a hablar de la dieta. ¿Tú tienes una dieta sana?

Cole: Sí, soy un chico muy sano, y tengo una dieta equilibrada. Intento mantenerme en forma con la dieta mediterránea, y como mucho pescado, verduras y frutas todos los días.

Teacher: Cuando vas con tus amigos al cine, ¿cuál es tu restaurante favorito? No me vayas a decir McDonalds.

Cole: Me gusta Victoria en Leith.

Teacher: Ah, muy bien. Y aparte del chocolate, ¿tienes otros vicios?

Cole: No tengo tantos vicios, no fumo, y nunca tomaría drogas duras.

Teacher: ¿Duras? bueno, vamos a terminar aquí la conversación porque no vamos a hablar ahora de otras drogas. Hasta luego.

Pies descalzos: hamagos que salga el sol 2 (pp. 42-43)

THINGS TO DO AND THINK ABOUT

Trailer de Voces Inocentes

En su mundo de inocencia, estos niños podían reír, amar, y soñar. Pero el día que cumplían doce años, su infancia acababa para siempre. General: Van a defender a la Patria. Director de la escuela: Pablo Argueta, Manuel Ayala, Roberto Olsen, Mario Sánchez, Arturo Pérez, Agustín Reina.

Dirigida por Luis Mandoki, aclamada internacionalmente, esta es la verdadera historia de lo que se pierde en una guerra, y de lo que se encuentra en el corazón de un niño.

EMPLOYABILITY

La infancia y los proyectos de futuro (pp. 44-45)

ACTIVIDAD ESCUCHA: EMILY AND BEN

Emily

Bueno, ¿de qué nos vas a hablar?

Para empezar quiero hablar de mi infancia. ¡No olvidaré jamás nuestra casa en el campo en Inglaterra! Vivíamos al lado de una antigua estación de ferrocarril, y cuando

contd

APPENDICES

era niña jugaba allí o en el campo. La única desventaja fue el hecho que era alérgica al polen y por eso estornudaba todo el verano. Sin embargo he disfrutado de mi juventud. Mi madre siempre nos llevaba al campo de día y de noche para ver las mariposas, los pájaros o donde vivían los tejones. Por eso no tengo miedo de los animales, ni siquiera de las arañas, pero cuando tenía cinco años mi hermano me explicó que la carne venía de las vacas, de las ovejas y desde entonces soy vegetariana. Mi hermano también.

Nací en el sur de Inglaterra, pero mi padre encontró trabajo en el norte de Escocia y nos mudamos. Compramos una casa grande en el norte de Escocia con una vista hermosa de las Islas Orcadas. Nadaba cada año, una vez por lo menos en el mar y una vez también en febrero, pero todo el año hace frío. En el norte de Escocia aprendí a tocar el piano, a bailar bailes escoceses, pero mi gran pasión fue el teatro. Yo antes quería ser actriz pero he tenido un cambio de opinión, afortunadamente. De todas maneras como profesora siempre es necesario ser actriz.

1 *¿Cuál es tu gran pasión?*

Ahora mi gran pasión es viajar, me encanta viajar.

2 *Vale, pues cuéntame, ¿cuál fue tu último viaje?*

Mi último viaje fue a Barcelona con mi novio y he disfrutado mucho del ambiente, Barcelona, el tiempo y también los edificios.

3 *¿Qué visitasteis?*

La Pedrera, La Sagrada Familia porque mi novio es profesor de arte y por eso le encantan los edificios de Gaudí.

4 *¿Cuál fue tu edificio favorito?*

Yo supongo que La Sagrada Familia.

5 *¿Subiste hasta arriba de La Sagrada Familia?*

No, porque mi novio tiene miedo de las alturas pero yo había subido una vez antes.

6 *Bueno, vamos a seguir hablando de viajes, tú eres profesora, yo trabajo contigo y sé que el año pasado fuiste a Perú, ¿me quieres hablar un poco de este proyecto y decirme lo que se hizo o lo que tú hiciste en el insti?*

Sí, claro, yo fui con un grupo de diferentes personas de Escocia, de todas las edades y fuimos a hacer trabajo voluntario en Perú con niños que tienen que vivir en la calle porque son muy pobres y antes hemos hecho cosas para ganar dinero como un baile con otros profesores,

Sí, yo gané …

Y fuimos en julio.

7 *¿Cuánto tiempo estuvisteis en Perú?*

Con el grupo estuve dos semanas pero yo quería viajar más, yo fui al norte de Perú y luego a las Islas Galápagos.

8 *¿Qué es lo que te gustó más de las Islas Galápagos?*

Todo, yo fui nadando con lobos de mar, yo he visto las tortugas que son gigantes, todo, fue muy impresionante.

9 *Bueno, tu eres profesora de inglés y alemán en … y yo te escuché el año pasado cuando volvisteis de Perú que hablasteis a los niños, a los alumnos en asamblea por la mañana, ¿quieres hablarme sobre las diferencias que tú encontraste entre la escuela en Perú y la de aquí en Escocia?*

Sí, las diferencias son muy grandes, los colegios que he visto en Perú no tienen mucho dinero, no hay ordenadores, ni biblioteca, casi nada, Yo siempre estoy un poco enfadada cuando los niños de aquí dicen ¡no tengo lápiz, no tengo boli! La gente ahí tiene todo, aunque sean muy pobres.

10 *Sí, la verdad es que a mí me da mucho coraje que los alumnos no traigan lápiz. Bueno, ¿fue tu primera vez en Latinoamérica?*

Sí, pero quiero volver.

11 *Bueno, vamos a seguir hablando porque yo te conozco y sé que has vivido en Madrid, ¿quieres hablarme de tu experiencia en Madrid?*

Sí, estuve dos años en Madrid, fui sin hablar español, sin tener trabajo, y por la experiencia. Yo estuve enseñando en un colegio un año y un año en empresas en Madrid.

12 *Vale, ¿quieres contarme alguna anécdota de tu vida en Madrid?*

Hay muchas cosas. Para nosotros es algo raro; en España suelen cenar muy tarde y un amigo mío dice que a las diez de la noche es muy temprano para cenar ¡eso es muy extraño!

13 *Yo también sé que tu hermano tiene una casita en Galicia, ¿me quieres hablar de la vida rural que tienen en Galicia?*

Sí, es una casa muy grande y con vistas muy hermosas. Es muy distinto de Madrid. La gente es mucho más normal, las mujeres están vestidas de negro, y … es como la España en los años treinta

14 *¿Te gusta ir a Galicia?*

Me encanta porque hay de todo, hay playa, no hace tanto calor.

15 *Bueno, para terminar, ¿tienes algún proyecto para dentro de una semana y media, que nos vamos de vacaciones? Yo me voy a Málaga, ¿y tú? ¿Qué vas a hacer?*

Yo voy también al sur de España. Pero primero voy con mi novio a Roma, luego tenemos un vuelo barato a Madrid y luego bajamos hasta el sur, a Andalucía, para disfrutar del gazpacho y todo eso …

16 *¿Vais a ver la Semana Santa?*

Sí, pero no en Andalucía, vamos a estar en Madrid, vamos a ver las procesiones allí, aunque no son tan impresionantes como en el sur.

Bueno, pues yo creo ya vale, muchas gracias y adiós.

Ben

Para empezar, voy a hablar sobre mi infancia. Yo nací en Edimburgo y yo pasé allí los primeros siete u ocho años de mi vida. Viví allí con mis padres en un piso muy pequeñito. No recuerdo mucho sobre estos años, pero yo sé ahora que cuando era más pequeño lloraba muchísimo, era muy difícil de callarme. Mis padres se ríen ahora sobre esto, pero en el momento no eran tan divertidos.

Cuando tenía siete años, un año después del nacimiento de mi hermano menor, mis padres decidieron irse a vivir a ..., el pueblo donde he vivido la mayor parte de mi vida. Durante el tiempo que nos quedamos allí, recuerdo que mi hermano ..., era un incordio porque él tenía toda la atención de mis padres. Era un mocoso llorón. A veces, mi hermano empezaba las peleas, pero mis padres siempre me echaban a mí las culpas porque era el más grande. Como no teníamos mucho que hacer, siempre terminábamos en una pelea. No me gustaba cuando mis padres me castigaban sin ir a jugar al rugby o al fútbol con mis amigos. Ahora, que soy más adulto, me llevo mejor con mi hermano y le ayudo con los deberes de francés y estoy muy contento de mi relación con mi hermano. Después, en los años de la escuela, recuerdo que me llevaba muy bien con mis amigos porque era el payaso de la clase.

Hoy en día, estoy muy contento de mi relación con toda la gente que yo conozco. Vivo con mis padres y mi hermano menor, y tenemos una relación que es muy, muy fuerte. Estamos muy unidos. También, tengo mi novia, creo que ella es la chica más guapa del mundo y solamente tengo ojos para ella. Ahora, que soy adolescente, me muero de ganas por irme de casa. Estoy seguro de mí mismo y espero que me vaya bien en mi vida.

1 *¿Cuáles son tus planes para el futuro, entonces?*

   Bueno, este año tengo que concentrarme fuerte y estudiar mucho para sacar buenas notas en mis exámenes de bachiller. Voy a hacer francés, inglés, música y español también. Después del colegio, me gustaría ser policía porque mi madre es policía y ella me dice que es un trabajo muy bueno.

2 *¿Por qué?*

   Ah, buena pregunta. Es bueno porque es un trabajo donde se gana mucho dinero, sería funcionario, tienes muchas ventajas, puedes ayudar a la sociedad y trabajas para el Estado.

3 *¿Y no te da miedo ser policía o tener que disparar?*

   Todavía no lo tengo muy claro. Por un lado, me da un poco de miedo porque es una responsabilidad muy grande, pero por el otro lado, hay que ser valiente, porque la sociedad necesita personas que la protejan.

4 *¿Y qué tienes que hacer para ser policía?*

   Tengo que hacer muchos exámenes.

5 *¿Qué exámenes?*

   Dos físicos, dos escritos, uno médico y una entrevista.

6 *¿Y cómo preparas los exámenes?*

   Para los físicos, practico muchos deportes, soy un chico muy deportista, juego al rugby, voy al gimnasio tres veces por semana, no fumo y tengo una dieta saludable.

7 *¿Y los escritos?*

   Para los escritos, la policía te manda el temario y yo lo practico en casa.

8 *¿Y después?*

   Una vez que te han admitido tengo que hacer dos años de formación.

9 *Y durante los dos años de formación, ¿te quedas en casa o vuelas del nido?*

   Emmm, no lo sé. Por el momento voy a quedarme con mi familia, pero en el futuro espero volar del nido. Dos amigos y yo queremos alquilar un piso en Edimburgo.

10 *Y ahora, ¿tienes algún trabajo?*

   Pues sí, trabajo en una tienda de zapatos que se llama ....

11 *Bueno, cambiando de tercio y poniéndonos un poco más profundos, ¿te gustaría casarte en el futuro?*

   Sí, me gustaría casarme y ser papá, porque me gustaría tener la responsabilidad de tener un hijo o una hija.

12 *Bueno, ¿hay cosas que quieres hacer antes de casarte?*

   Sí, claro, me gustaría viajar por el mundo, para pasármelo bien y también conocer otras culturas.

13 *¿Dónde te gustaría trabajar?*

   Por ejemplo el año que viene voy a España con mi novia. Yo voy para mejorar mi español pero mi novia no habla español, pues ella va para la experiencia de vivir en España. También me gustaría trabajar en otros países.

14 *¿Y a qué parte de España?*

   A Málaga, por supuesto.

15 *¿Dónde?*

   Me gustaría trabajar en España o en Francia.

16 *¿Trabajando como policía?*

   No

17 *¿Haciendo qué?*

   Me gustaría trabajar en un bar, como camarero, por ejemplo. Pero para mí el trabajo no es lo importante.

18 *Bueno, para terminar, ¿dónde has viajado?*

   El año pasado fui a Jarnac con mis compis de mi clase y otros jóvenes que son menores que nosotros. Fuimos en autobús sobre veintiséis horas, era muy aburrido. Yo me quedé con una familia francesa, estuvo muy bien porque mejoré mi francés y al mismo tiempo me sumergí en la cultura francesa.

contd

APPENDICES

ACTIVIDAD 2 ESCUCHA: ISABEL Y FÉLIX

Félix: Hola Isabel, ¿Qué tal te van las cosas? ¿Sabes ya lo que te gustaría hacer cuando termines el instituto?

Isabel: Bueno, tengo un plan A, y un plan B, porque eso es lo que me aconseja mi tutor. El plan A es hacer la selectividad, sacar buenas notas, e intentar ir a la universidad. Me gustaría estudiar biología. Sin embargo, como la universidad a la que quiero ir es muy competitiva, tengo un plan B por si no me aceptan este curso. Como ya sabes, estoy haciendo prácticas laborales en los jardines botánicos, así que me han dicho que puedo continuar trabajando allí el año que viene. Me harían un contrato de aprendiz, y, de esta manera, podría inscribirme en un instituto de formación profesional, y empezar a estudiar mientras trabajo. ¿Y tú Félix? ¿Cuáles son tus planes para el curso que viene?

Félix: Pues yo no lo tengo tan claro. Te tengo mucha envidia. Mi tutor me ha dicho que tenga un plan A, B y C. Creo que no voy a aprobar los exámenes en el instituto este año porque los encuentro muy difíciles. A mí me gustaría ser arquitecto, pero las matemáticas y las ciencias se me dan fatal. Yo pienso que no voy a aprobar ninguna asignatura este curso, aunque lo esté intentando. Así que el plan A, que era ir a la universidad, pues me parece que no va a realizarse. El plan B es hacer alguna formación práctica. Quizás empiece a trabajar como aprendiz en alguna compañía de construcción, para aprender a ser albañil, o electricista, o carpintero. Estoy repartiendo mi currículum por muchas compañías de construcción, pero como sabes, el trabajo está regular aquí por Santiago de Chile en estos momentos.

Isabel: Bueno Félix, no te quejes tanto. Tengo familia en España, ¿has escuchado hablar de la Generación Ni-Ni, que ni trabaja, ni estudia, porque terminan los estudios y no encuentran trabajo?

Félix: Es verdad Isabel. No puedo quejarme tanto. Las cosas aquí no están tan mal. Mi plan C es trabajar en el restaurante de mis tíos, siempre les hacen falta camareros. Así puedo ganar algo de dinero, y quizás hacer algún curso de formación profesional para formarme como electricista, aunque no me paguen nada de dinero cuando haga prácticas de trabajo.

CULTURE

Iconos de la cultura hispana (pp. 54-55)

ACTIVIDAD LEE Y ESCUCHA: FILL IN THE GAPS

1 **Pablo Ruiz Picasso** (1881–1973) nació en Málaga, España, aunque vivió la mayor parte de su vida en Francia. Es posiblemente uno de los pintores más famosos del mundo, y uno de los creadores del movimiento artístico
5 llamado 'cubismo'. Durante la Guerra Civil Española, Picasso pintó en Paris, la obra *El Guernica* para denunciar los horrores de la Guerra Civil Española y la tragedia de sus víctimas. Picasso se inspiró en el brutal bombardeo de la ciudad de Guernica, en el norte de España. El 26
10 de abril de 1937, el dictador fascista Francisco Franco le pidió a Hitler que bombardeara Guernica, y la legión alemana Cóndor exterminó a toda la población. El cuadro es muy grande y está pintado en negro, blanco y gris. El cuadro muestra seis personas y tres animales. Las
15 personas son: una madre con un hijo muerto entre los brazos, un guerrero muerto, una mujer gritando con los brazos abiertos al cielo y otro hombre pidiéndole al cielo que dejen de caer bombas. El toro es el símbolo de España, y junto con el caballo simbolizan las víctimas
20 inocentes de la guerra. La paloma se puede considerar como el símbolo de la paz rota. La bombilla puede significar el avance social y positivo de las ciencias, pero que, en malas manos, crea la destrucción masiva en las guerras modernas. El Guernica es un símbolo moderno
25 que denuncia los horrores de las guerras.

1 **Diego Velázquez** nació en Sevilla en 1599. Ha sido uno de los pintores más famosos en España, por haber sido el pintor del rey Felipe IV y su corte. El cuadro *Vieja friendo huevos* lo pintó en Sevilla en 1618 y se puede
5 visitar en la Galería Nacional de Escocia, en Edimburgo. La Sevilla en la que vivió el pintor era la ciudad más rica y poblada de España, ya que conectaba la península ibérica con las posesiones españolas en América. Sevilla está conectada con el océano Atlántico porque
10 el rio Guadalquivir es navegable hasta Sevilla. Su obra quizás más conocida es *Las Meninas*, cuadro donde se muestra a la infanta Margarita de Austria, rodeada de sus sirvientas o 'meninas'. En el cuadro Velázquez se pintó a sí mismo, así como al rey Felipe IV, reflejado en
15 un espejo.

1 **Frida Kahlo** (1907–1954) fue una pintora y poetisa mexicana. Se casó con el también famoso pintor Diego Rivera. Un trágico accidente en su juventud hizo que pasara mucho tiempo enferma en la cama. Frida
5 llevó una vida inusual para la época, por ejemplo era bisexual, y estando casada tuvo muchos amantes. Sus cuadros reflejan su autobiografía, su sufrimiento y sus dificultades para sobrevivir. A Frida le gustaba el arte popular mexicano de raíces indígenas.

1 **Pedro Almodóvar** es posiblemente el director de cine español más famoso internacionalmente. Almodóvar recuerda de su infancia cómo las mujeres fingían, mentían, escondían, y de aquella forma permitían que la vida siguiera
5 y se desarrollara en una sociedad muy machista, sin que los hombres se enteraran de lo que pasaba. El primer espectáculo que Pedro recuerda haber visto era un grupo de mujeres hablando en el patio. No lo sabía entonces, pero ese iba a ser uno de los asuntos de su película *Todo sobre mi*
10 *madre*: la capacidad de las mujeres de interpretar y de fingir. Su película es un gran tributo a las mujeres, sus amistades y habilidad para renovarse a sí mismas y le hizo ganador del Óscar a la mejor película de habla no inglesa en el año 2000. Por todo ello, a menudo se le describe como un 'director de
15 mujeres', por los muchos personajes femeninos llenos de fuerza que aparecen en sus películas.

1 **Ernesto 'Che' Guevara** era un médico argentino. Cuando era joven viajó por Latinoamérica y vio muchas injusticias sociales, provocadas por la explotación capitalista de los Estados Unidos. El Che fue una figura muy importante
5 en la Revolución Cubana y luchó en otros países, como el Congo y Bolivia, donde fue asesinado por el gobierno y la CIA. El 'Che' es un símbolo de lucha socialista para muchos y un icono de la contracultura.

THINGS TO DO AND THINK ABOUT

Esta es la carta de despedida del Che a sus hijos:

A mis hijos

Queridos Hildita, Aleidita, Camilo, Celia y Ernesto:
Si alguna vez tienen que leer esta carta, será porque yo no esté entre ustedes. Casi no se acordarán de mí y los más chiquitos no recordarán nada. Su padre ha sido un hombre que actúa como piensa y, seguro, ha sido leal a sus convicciones.

Crezcan como buenos revolucionarios. Estudien mucho para poder dominar la técnica que permite dominar la naturaleza. Acuérdense que la revolución es lo importante y que cada uno de nosotros, solo, no vale nada. Sobre todo, sean siempre capaces de sentir en lo más hondo cualquier injusticia cometida contra cualquiera en cualquier parte del mundo. Es la cualidad más linda de un revolucionario.

Hasta siempre hijitos, espero verlos todavía. Un beso grandote y un gran abrazo de Papá

Las vacaciones (pp. 56-7)

ACTIVIDAD ESCUCHA: CUATRO JÓVENES HABLAN SOBRE SUS MOTIVOS PARA VIAJAR

Noemí

Hola, soy Noemí. En mi familia viajamos mucho. Viajo con mis padres y mis hermanos. Solemos viajar por ocio, esto es, para divertirnos y para pasárnoslo bien. Yo creo que viajar es bueno porque te cambia: a mí
5 me relaja, y creo que aumenta la armonía familiar, aunque siempre hay pequeñas discusiones, claro. Es normal cuando pasamos tanto tiempo juntos. Solemos hacer dos escapadas al año, en Navidad y en verano. En invierno nos gusta ir a algún destino cultural y en
10 verano siempre vamos a la playa, a la Costa del Sol.

César

Hola, ¿qué tal? yo soy César. Pues hace tres años que vivo en Escocia, así que yo suelo viajar para hacer visitas a familiares y amigos que viven en Barcelona. A mí me hace mucha falta viajar, y me cambia, porque el
5 sol me da felicidad. Cuando vuelvo a Escocia después de las vacaciones estoy más optimista. Suelo viajar tres o más veces al año. Mi destino preferido es Tailandia. Me encanta la cultura allí, y se vive muy bien.

María

Hola, yo soy María, y suelo viajar por trabajo. Cuando terminé la universidad empecé a trabajar para una empresa internacional. Mis viajes no suelen ser por motivos de ocio o de relax. Al contrario, siempre estoy
5 muy ocupada, pero los viajes me vienen muy bien para mis destrezas personales, ya que aprendo a relacionarme mejor con las personas de otras culturas. Yo viajo mucho, veinte veces al año, pero me encanta. Tenemos muchos negocios en Asia, así que suelo viajar mucho a
10 China. Creo que voy a empezar a estudiar chino.

Jaime

Buenas tardes, yo soy Jaime. Estoy estudiando idiomas en la universidad, concretamente inglés y francés. Así pues, viajo mucho por razones de estudios, para mejorar mi nivel de francés y de inglés. Se me dan bien
5 los idiomas, porque son muy divertidos, y todos los días se aprende algo nuevo. A mí, viajar me cambia mucho porque me aporta muchas cosas: para empezar, me da felicidad y me ayuda a mejorar mi autoestima, pues me siento mucho mejor después de comunicarme en otro
10 idioma. Lo importante es intentarlo, ¿no crees? ¿Qué piensas tú? Suelo viajar dos o tres veces al año, aunque el curso pasado hice un año Erasmus en Birmingham, me lo pasé muy bien. Creo que mis ciudades favoritas para viajar son Londres y Paris.

APPENDICES

Casa de locos, L'Auberge espagnole, Pot Luck (pp. 60–61)

ACTIVIDAD 2 ESCUCHA: HAMISH'S GAP YEAR

Hola, me llamo Hamish. El año pasado decidí irme un año a Madrid porque tenía ganas de viajar un poco y salir de Escocia. Como no tenía mucho dinero, sabía que tenía que trabajar, así que me busqué un trabajo como chico
5 au pair. Fue una experiencia muy buena, porque viví un año con una familia y no tenía que pagar las facturas como el alquiler o la luz, y la comida era gratis. Además, me pagaban un curso de español y me daban 60 euros a la semana. A ver, no todo era color de rosa, a veces
10 el trabajo era difícil porque tenía que trabajar mucho cuidando a los niños. Los dos hermanos, a veces, se peleaban entre ellos. Por la mañana había que levantarse temprano para ir al cole, y después yo tenía que hacer las tareas de la casa. Ah, y por la noche tenía que hacer
15 la cena, y en España la comida es muy importante. Aprendí mucho sobre la cocina española. Imaginaros, un escocés cocinando para cinco españoles. Durante la cena, todos nos sentábamos una hora en la mesa para comer juntos, y no se podía encender la tele o tener el
20 teléfono móvil en la mano. Era importante hablar sobre el día, comer despacio y disfrutar de la comida.

Yo siempre había creído que era malo con los idiomas, pero desde que vine a Madrid, me di cuenta que en realidad en el instituto no tenía motivación para
25 aprender. Sin embargo, ahora, estoy aprendiendo mucho y me encanta hablar español. También he hecho muchos amigos de todas las nacionalidades, porque Madrid es una ciudad muy cultural y cosmopolita. Yo siempre había escuchado que los españoles eran
30 desordenados y que tenían un espíritu 'mañana, mañana', pero no es verdad. Los españoles trabajan muy duro, y tienen una gran conciencia social, no son nada individualistas, y siempre tienen ganas de hablar. De la misma manera, al conocer a amigos alemanes o
35 franceses, me he dado cuenta de que ni los alemanes son cuadriculados, ni que los franceses son antipáticos. Eso sí, es verdad que en Madrid hay muchas fiestas, y a la gente le gusta salir mucho a pasear o a la calle. Sin embargo, los jóvenes no beben tanto como en Escocia,
40 algunos de mis amigos en Escocia beben demasiado.

El español de los Estados Unidos de América (pp. 62–63)

THINGS TO DO AND THINK ABOUT ESCUCHA: 'AUTOBIOGRAFÍA'

El extranjero, Luis Enrique.

1 El mundo no es lo que veía
desde la ventana de mi cuarto
en el verano del setenta y ocho
vi una nube que crecía
y mi infancia que se iba

2 Fui de Managua hasta Tijuana
buscando al norte una esperanza
llegué a la tierra prometida
aprendí otro idioma
comencé otra vida
crecí en las sombras del silencio
fui un ilegal con miedo
sin papeles y sin dirección

3 ESTRIBILLO

Desde los quince años soy el extranjero
no soy de aquí ni soy de allá
entre mi gente soy la voz que vive lejos
pero jamás voy a olvidar
esos amaneceres bellos de Somoto
los juegos en la Calle Real
mi primera novia
y mi identidad

4 Vivo marcado por tres franjas
son dos azules y una blanca

por donde voy llevo mi patria
viva donde viva
yo me siento en casa

5 Hoy tengo un hijo y no quisiera
verlo pasar esa experiencia
si un día no hubiera fronteras
quiero que mi historia no se repitiera
crecí en las sombras del silencio
fui un ilegal con miedo
sin papeles y sin dirección

6 ESTRIBILLO

Desde los quince años soy el extranjero
no soy de aquí ni soy de allá
entre mi gente soy la voz que vive lejos
pero jamás voy a olvidar
esos amaneceres bellos de Somoto
los juegos en la Calle Real
mi primera novia
y mi identidad

7 Oye ...
Como olvidar el barquito de papel flotando sobre el rio de la calle
la guitarra del abuelo Carlos
las peleas de gallos del abuelo Camilo

Appendices: Transcripts

la pulpería de la mamá Elsa
el almendro león de la Tere
y las canciones de mis tíos
nunca voy a olvidar

8 ESTRIBILLO

Desde los quince años soy el extranjero no soy de aquí ni soy de allá
entre mi gente soy la voz que vive lejos
pero jamás voy a olvidar

esos amaneceres bellos de Somoto
los juegos en la Calle Real
mi primera novia
y mi identidad

Oye ...
esto es pa mi gente

Mi primera novia ...
y mi identidad ...

What questions could be asked? (pp. 72-73)

ACTIVIDAD ESCUCHA: JULIE AND ROBERT'S TALKING EXAMS

Julie

Teacher: Hola, ¿qué tal?

Julie: Emm, muy bien.

Teacher: ¿De qué nos vas a hablar en esta presentación?

Julie: En esta presentación voy a hablar sobre mis pasatiempos.

Teacher: Ey, señor, que estamos grabando aquí, trabajen en silencio, por favor.

Julie: Primero, yo creo que es muy importante tener pasatiempos cuando tienes muchos exámenes para tener una vida equilibrada. Hago muchas cosas diferentes, por ejemplo el bádminton y el teatro musical. Me encanta actuar y cantar, por lo tanto el teatro musical es perfecto para mí. Además, me ayuda para estar más segura de mí misma. Toco dos instrumentos, el piano y la flauta. Toco el piano desde hace siete años, y yo prefiero el piano a la flauta porque puedo cantar al mismo tiempo. Mis amistades y mis familiares me dicen que lo hago muy bien. Para mantenerme en forma, juego al bádminton dos veces a la semana, y me gusta mucho. También, intento tener una dieta sana. Como frutas y verduras y bebo mucha agua. Sin embargo, a veces como chocolate, y ese es mi vicio más grande. Cuando mis amigos vienen a mi casa, solemos comer palomitas y pizza. Por otro lado, no fumo porque es muy malo para la salud, especialmente para los pulmones. Hueles mal y los dedos se te ponen amarillos cuando fumas. No tomo drogas tampoco, ya que las drogas pueden ser peligrosas porque la gente se vuelve adicta. Finalmente a veces bebo alcohol cuando estoy con mi familia, y hay fiesta.

Teacher: Bueno, con tu familia, si hay fiesta, puedes beber alcohol, un poquito, un poquito.

Julie: Sí, un poquito.

Teacher: Creía que me ibas a decir: finalmente, con mi familia, bebo mucho alcohol. Y no, que lo estamos grabando. Se pueden ir, sin hacer mucho ruido. Y dime, en tu opinión, ¿hay muchos jóvenes que toman drogas o que fuman?

Julie: Sí, especialmente en mi colegio, hay muchos alumnos en tercero que fuman, pero mis amigos y mis hermanos no fuman.

Teacher: Vale, y tus hermanos no fuman ¿no? Dime, ¿tienes muchos hermanos?

Julie: Sí, tengo dos, una hermana menor, ..., y un hermano mayor, ...

Teacher: Y, ¿cuántos años tienen tus hermanos?

Julie: ... tiene quince años y ... tiene diecinueve años pero no vive en mi casa, porque está en la universidad.

Teacher: ¿En qué universidad está?

Julie: ... va a ..., que es la misma universidad a la que yo quiero ir.

Teacher: ¿Y a ti que te gustaría hacer en la universidad?

Julie: Espero estudiar francés, traducción y español quizás.

Teacher: ¿Vas a ir el miércoles al debate?

Julie: Sí, sí, así puedes ver lo que tú vas a estar haciendo en dos años, no un año más, un año más nada más.

Teacher: Y quieres estudiar español, francés, yo sé que tú vas mucho a España a visitar a tus tíos, y ¿a Francia, has estado alguna vez en Francia?

Julie: Sí, muchas veces, porque mi tío y mi tía tienen una casa en Limoges. Además, tengo una chica por correspondencia que vive en Jarnac, y que es el pueblo gemelo, hermanado con ....

Teacher: Y, ¿cuándo vas a España? Dime. ¿Tienes amigos en España?

Julie: No, no tengo amigos, pero tengo familia. Mi tía, la hermana de mi padre y su familia, y otra prima y su familia.

Teacher: Y, ¿tu tía, es escocesa?

Julie: Sí.

Teacher: ¿Y por qué vive en España?

Julie: Ella es directora de un colegio bilingüe muy cerca de Madrid, y está casada con un español.

Teacher: Y tus primos, ¿hablan español o inglés?

121

APPENDICES

Julie: Los dos.

Teacher: Y el colegio de tu tía, ¿es un colegio muy grande?

Julie: Ah, sí, muy grande, muy grande.

Teacher: Tienes que ir al colegio de tu tía a ser asistente.

Julie: Sí, sí.

Teacher: Y bueno, ¿vas mucho a ver a tu tía? ¿Has visitado Madrid?

Julie: Sí, hace dos años, fui con mi familia y nos alojamos con mi tía. Un día fuimos a comer a la Plaza Mayor, fuimos de compras a la Gran Vía, y después visitamos el Palacio Real.

Teacher: ¿Cuál es tu tienda favorita en España? ¿Tienes una tienda favorita? La mía es El Corte Inglés. ¿Te gusta El Corte Inglés?

Julie: Sí, es muy bueno.

Teacher: ¿Y qué te gusta cuando vas a España? ¿Te gusta la cultura española?

Julie: Sí, claro, es más divertido que aquí. Me gustan las fiestas y la gente es muy simpática. Además, la comida está muy rica y es muy variada.

Teacher: ¿Cuál es tu comida favorita?

Julie: Los churros.

Teacher: Para desayunar, o para merendar. ¿Y te gustaría tomarte un año sabático?

Julie: Sí, evidentemente. Me gustaría ir a España porque es mi país favorito, sí.

Teacher: Y, ¿cuáles son las ventajas de un año sabático?

Julie: Hay muchas ventajas: puedo mejorar mi nivel de español, al hablar con los nativos, ganar experiencia de vida, y aumentar mis oportunidades de encontrar un empleo en el futuro.

Teacher: Vale, y ¿crees que hay algún inconveniente o alguna desventaja, de pasar un año sabático?

Julie: Sí, sí, un año sabático es muy caro, y quizás tenga que buscar un trabajo. Además echaría de menos a mi familia.

Teacher: Pero hoy en día se habla por Skype, y también hay muchos vuelos a Madrid. Ahora bien, buscar un trabajo en España....

Julie: Con mi tía.

Teacher: Ah, con tu tía, porque si no, es muy difícil. Y, ¿tienes planes para este verano?

Julie: Sí, iremos a pasar unos días con mi tía en Madrid, y después de ahí, vamos a ir a Marrakech, en Marruecos, y estoy muy emocionada, ya que es un viaje muy diferente, de lo que siempre hacemos.

Teacher: Y, ¿cuándo te gustaría tomarte el año sabático?

Julie: Me gustaría tomarme el año sabático antes de ir a la universidad porque me permitiría relajarme después de mis exámenes, y tener otras experiencias. Además, pienso que es una buena experiencia de vida y me ayudará a madurar.

Teacher: Sí, claro que te ayudaría a madurar, aunque tú ya eres una chica muy madura. Y muy bien hoy, examen de teatro, y examen de español.

Julie: Sí, los dos.

Robert

Teacher: Bueno, puedes decir un poco tus datos personales, y tu instituto.

Robert: ..., dieciocho.

Teacher: Ya eres mayor de edad. Sabes que el examen tiene dos partes, la primera parte es tu presentación y la segunda son preguntas, ¿vale? ¿De qué nos vas a hablar?

Robert: Mis pasatiempos.

Teacher: Pues empieza cuando quieras.

Robert: La verdad es que tengo muchos intereses y pasatiempos, por eso raramente me aburro en mi tiempo libre. No es que lleve una vida muy interesante, entre semana no tengo mucho tiempo libre. Salgo del colegio a las tres y media, y voy a casa a comer con toda mi familia. Después de comer suelo quedarme un ratito viendo la televisión; si tengo que estudiar voy a la biblioteca porque en casa soy incapaz de abrir un libro. Para mí, ante todo, el fin de semana es sinónimo de reposo y relajación. El sábado y el domingo son mis días favoritos porque se puede hacer lo que me gusta. Normalmente durante la semana intento estudiar y terminar todos los deberes, para no tener mucho que hacer durante el fin de semana. Suelo ir al cine con mis amigos, o a veces mis padres me llevan al teatro o a conciertos. La televisión no es algo muy importante para mí. Sin embargo, de vez en cuando, la veo si hay rugby. El rugby es mi deporte preferido, no se puede negar que cuando juego al rugby me divierto y hago ejercicio al mismo tiempo, pero los estudios me ocupan de lunes a viernes y soy un poco perezoso. Mis padres dicen que todavía soy demasiado joven para salir por ahí por la noche. No me dejan ir a discotecas. La verdad es que me da igual porque normalmente mis amigos organizan fiestas de pijama y a veces celebramos cumpleaños y nos lo pasamos bomba.

Teacher: ¡Qué rollo que no puedas salir por la noche! ¡Ya tienes dieciocho años! Tus padres te quieren mucho, ¿eh? Bueno, vamos a ver, dices que no juegas mucho al rugby, ¿crees que seguirás jugando al rugby?

Robert: Sí, sí, el año próximo cuando deje la escuela, tengo la intención de empezar otra vez. Sin embargo, depende de donde viva, aún yo estoy indeciso sobre la universidad donde voy a estudiar.

contd

Appendices: Transcripts

Teacher: ¿Por qué? ¿Cuáles son las universidades a las que puedes ir? Edimburgo, Glasgow

Robert: Aberdeen, Edimburgo, y Glasgow.

Teacher: ¿Y cuál te gustaría más?

Robert: Edimburgo

Teacher: ¿Y no has dejado de jugar al rugby porque eres muy malo?

Robert: Nooooo.

Teacher: Venga …, yo te llevé una vez a un partido de rugby y eras muy malo, o el equipo de … es muy malo jugando al rugby. Bueno, vamos a hablar un poquito más del sitio donde vives. Por ejemplo, … ¿cómo es?

Robert: Mi ciudad se llama … y es una ciudad bastante pequeña, vivo con mi familia, como la mayoría de la gente de mi edad en Escocia, pero yo preferiría vivir en una granja con mis amigos.

Teacher: ¿Una granja comunista?

Robert: Sí.

Teacher: Ah, míralo que socialista.

Robert: … es bastante antiguo y muy feo, muy muy feo. En invierno es muy tranquilo, pero en verano está muy animado, porque vienen muchos turistas a verlo.

Teacher: ¿A ver … o a Edimburgo?

Robert: …, sí.

Teacher: ¿Te gustaría vivir más en … que en Edimburgo? (en el futuro)

Robert: No, a veces me gustaría vivir en Edimburgo, pero otras veces pienso que Edimburgo no está muy lejos y eso es bueno. Entonces, si quieres ir y ver alguna exposición, puedes coger el autobús e ir a Edimburgo en cuarenta y cinco minutos.

Teacher: Y dime, ¿vas mucho a exposiciones a Edimburgo?

Robert: Sí.

Teacher: ¿Cuál es la última exposición a la que fuiste?

Robert: El Museo de Escocia. También creo que me gusta vivir en … porque todos mis amigos viven aquí, cerca de mi casa.

Teacher: Pero eso va a cambiar dentro de poco, muchos de tus amigos también van a ir a la universidad. Si te quedas en …, bueno, harás amigos en Edimburgo, porque ya me has dicho que has solicitado ir a la Universidad de Edimburgo. Y si te aceptan en la Universidad de Edimburgo, ¿te vas a quedar en casa en … o te vas a ir a Edimburgo?

Robert: No lo sé, yo vivo en una ciudad que está a nueve kilómetros de Edimburgo, muy cerca, pero todavía no lo he decidido.

Teacher: Y dime, ¿qué vas a estudiar en la universidad?

Robert: Yo solicité estudiar historia, o derecho, pero me da igual qué estudiar; sin embargo, preferiría estudiar derecho porque hay quienes dicen que es algo importante hoy en día. También, permíteme decir que me encanta discutir.

Teacher: Ya.

Robert: Sí, y creo que esa es la razón por la que yo preferiría estudiar derecho.

Teacher: Y, normalmente, las condiciones para entrar en la carrera de derecho son muy difíciles. ¿Qué estas estudiando este año? o ¿qué notas tienes?

Robert: Sí, derecho es difícil pero tengo cinco Highers, todas con As y Bs. El año pasado estudié historia, inglés, mates y música. Este año escogí estudiar política y español y también he continuado estudiando música e historia.

Teacher: La música, es una de tus asignaturas favoritas, ¿verdad?

Robert: Sí, es una de mis asignaturas favoritas.

Teacher: ¿Por qué te gusta tanto la música? ¿Qué tipo de música te gusta más?

Robert: Eh, toda la música. Me gusta la música clásica, popular, el rock, el rap, el reggae, y el jazz. Me encanta escuchar mi walkman.

Teacher: ¿Tienes un walkman todavía? ¿O un IPod?

Robert: Well, both.

Teacher: Los dos, vaya. Y dime, ¿tocas algún instrumento?

Robert: Toco la guitarra eléctrica y acústica, el bajo, el teclado un poco, solo. Y yo también canto mucho.

Teacher: Muy bien.

Robert: Sueño con ganar la lotería, comprar un ….

Teacher: Un estudio de grabación.

Robert: Sí, en Sudáfrica, y hacer música mezclando sonidos de trompetas y castañuelas.

Teacher: Bueno, ¡eres un poco español ahí! Llevamos diez minutos, así que ya podemos terminar.

APPENDICES

COURSE ASSESSMENT: WRITING

Tackling the bullet points 3 (pp. 80–81)

ACTIVIDAD 1 — FILL IN THE BLANKS

La Semana Santa pasada fui en avión a Málaga, en el sur de España, a pasar dos semanas con Luisa, mi amiga por correspondencia. Hay vuelo directo de Edimburgo a Málaga, así que fue muy cómodo. El viaje duró tres
5 horas y media. Durante el viaje leí, vi una película en mi tableta e intenté dormirme y relajarme un poco. Cuando llegué al aeropuerto de Málaga, mi amiga y su padre me recogieron y fuimos en coche a su casa. Conocí a su madre y a su hermana menor, María, que tiene doce
10 años. Todos eran muy simpáticos y me llevé bien con la familia. La casa era bastante grande, con un jardín enorme y una piscina y me encantó compartir dormitorio con Luisa porque nos quedábamos charlando hasta tarde y es súper divertida. El padre de Luisa cocinaba muy
15 bien. A mí me encanta la comida española porque está muy rica, sobre todo las tapas y el 'pescaíto frito'.

La Semana Santa se vive mucho en el sur de España. En Málaga es impresionante. No tenía ni idea de que fuera tan grande. Hay procesiones de santos todos
20 los días, los legionarios cantan por la calle, y la gente canta saetas. Es una tradición que puede chocar a los turistas, pero merece la pena visitar el sur de España en Semana Santa. A mí me gustó mucho por el ambiente de reflexión, y me alegro de haber ido.

25 Por las mañanas hacía un curso de español en una academia del centro. Me gustó mucho ir a la escuela para aprender español con otros jóvenes. Es más interesante aprender lenguas viviendo en el país que sentado en clase en el instituto. Creo que en esas dos semanas
30 mejoré mucho mi nivel de español, ya que, además de las clases, podía hablar con todo el mundo todo el tiempo. En la escuela conocí a otros chicos de todo el mundo muy interesantes. Después de clase, salía a tomar tapas con ellos. Los fines de semana iba a veces con los amigos
35 de Luisa a la playa o a cafés donde charlábamos mucho. También hice excursiones con la familia. Me llevaron a Granada y a Sierra Nevada. ¡Qué bonito!

La segunda semana, por las tardes, hice prácticas de trabajo ayudando al padre de Luisa en su inmobiliaria.
40 Él trabaja vendiendo pisos. Yo le ayudaba escribiendo e-mails y contestando el teléfono, ya que había muchos clientes que solo hablaban inglés.

El último fin de semana fuimos a un camping cerca de Málaga. Hizo sol todos los días pero a veces hizo
45 demasiado calor para mí. Luisa y yo jugábamos al tenis y fue muy divertido, pero no me gustó pasar la noche en una tienda de campaña porque tengo miedo a los mosquitos.

En el futuro, me gustaría volver a Málaga a pasar más
50 tiempo con Luisa y su familia porque he mejorado mi nivel de español y me lo he pasado bomba. Cuando sea mayor y tenga más dinero, voy a pasar un verano allí. Creo que esta experiencia me ha ayudado a madurar, y a ser un poco más independiente.

Appendices: Transcripts

APPENDICES
INDEX

adolescence, society 10–11
Allende, Isabel 50
Almodóvar, Pedro 55

Barefoot Foundation 40–43

career choices *see* employability
Cervantes, Miguel de 50–51
cinema *see* culture
citizenship 14–17
course assessment 64–93
   performance 70–73
   talking 70–71
   translation 64–9
   writing 74–93
     directed writing 74–85
     opinion essay 86–93
       structure 88–9
culture 50–63
   festivals 52–3
   flamenco 52–3
   holidays 56–7
   icons
     Che Guevara 55
     Diego Velázquez 54
     Frida Kahlo 55
     Pablo Picasso 54
     Pedro Almodóvar 55
   music and dance 52–3
   salsa 53
   travelling 56–7
   see also learning; society

directed writing 74–85
Dweck, Carol 36

education *see* learning
employability 44–9
   business 48–9
   childhood and plans for the future 44–5
   fair-trade 48–9
   Vicente Ferrer Foundation 46–7
exchange programs, languages 38–9
exploitation of workers *see* employability, fair-trade

fair-trade, employability 48–9
family
   childhood and plans for the future 44–5
   elderly people 16–17
   senior citizens 16–17
family and friends 8–11

Ferrer, Vicente 46–7
festivals 52–3
food banks 8, 26–9
friendships 10–13

gap years, learning 38–9, 60–61
Gaudí, Antonio 50–51
grammar 94–105
   adjectives
     comparative 67
     superlative 67
   adverbs 43, 94
   connectors 66
   dar expressions 66–7, 68
   estar 95
   idiomatic expressions 19, 66–7, 68
   para 75, 104
   por 75, 104
   prepositions 104
   pronouns 13, 104–5
   pronunciation 94, 94–5, 104
   ser 95
   verbs
     conjugation of verbs 64, 97–102
     irregular verbs in present tense 97
     moods
       imperative 96
       indicative 96
       subjunctive 96
     stem-changing 97
     tenses
       future 96, 100–101
       conditional 100
       future perfect 96, 101
     past
       imperfect 96, 98–9
       preterite 15, 96, 97–9
       reflexive verbs 98
     pluperfect 96, 101
     present 15, 96–7
       conditional 96
       continuous 96, 102
       perfect 96, 101
       subjunctive 96, 102
Guevara, Ernesto 'Che' 55

healthy living 8, 22–5
Hispanic cultural icons *see* culture, icons
hobbies 8, 18–19
holidays *see* culture, holidays

Iberian Peninsula 50–51
icons, cultural 54–5

idiomatic expressions 19, 66–7, 68

Kahlo, Frida 55

languages 34–5, 58–9
   American Spanish 62–3
   bilingualism 58–9
   exchange programs 38–9
   Spanglish 62–3
learning 32–43
   Barefoot Foundation 40–43
   gap years 38–9, 60–61
   homework 33, 34
   importance of education 40–43
   languages 34–5
     exchange programs 38–9
   mental attitude 36–7
   mindset 36–7
   sabbatical 38–9
   school life 32
   student exchange programs 38–9, 60–61
   see also culture; employability
Lorca, Federico García 50–51

Machu Picchu 51
music and dance *see* culture, music and dance

opinion essay 86–93

performance, course assessment 70–73
Picasso, Pablo 54
political corruption 8, 30–31
poverty 26–9, 40–43
prepositions 104
pronouns 13, 104–5
pronunciation 94, 94–5, 104

relationships 8–9, 12–13

Shakira 40–43
siblings 8–9
social inequality 26–9
society 8–31
   adolescence 10–11
     bullying 10–11
     self-esteem 12
   citizenship 14–17
   corruption 8, 30–31
   family and friends 8–11
   food banks 8, 26–9
   free time 8, 18–19

126

Appendices: Index

friendships 10–13
healthy living 8, 22–5
hobbies 8, 18–19
introductions 6–7
leisure time 8, 18–19
names 6–7
new technologies 8, 20–21
personal beliefs 9
politics and corruption 8, 30–31
poverty 26–9, 40–43
relationships 8–9, 12–13
   healthy relationships 12–13
   same-sex relationships 9
   siblings 8–9
siblings 8–9
social inequality 26–9

social media 26
technology 20–21
television 20–21
voluntary work 16–17
weekends 18–19
see also culture; employability; learning
student exchange programs 38–9, 60–61
studying *see* learning
sustainability, Vicente Ferrer Foundation 46–7

talking, course assessment 70–71
technology 8, 20–21
tenses *see* grammar, verbs
tourism *see* culture, travelling
translation, course assessment 64–9
travelling *see* culture, travelling

vacations *see* culture, holidays
Velázquez, Diego 54
verbs *see* grammar, verbs
voluntary work 16–17

weekends 18–19
word origin 94
work experience *see* learning, gap years
writing, course assessment 74–93

APPENDICES

GLOSSARY OF KEY GRAMMATICAL TERMS

It is important that you understand how a language is structured.

The following list explains some the main grammatical terms you would have come across in this book. You should make sure you know exactly what each one means as they will help you gain a better understanding of how the language works, and give you a better understanding of how to use a dictionary. Next to some terms, you will find the abbreviation you will find in a dictionary.

ADJECTIVE (adj)
This is a word which is used to describe a noun. In Spanish, it is normally placed after the noun. *El niño alto, la niña alta, los niños altos, las niñas altas*. The adjective must also agree with the noun it is describing. That means if the noun is feminine, the adjective must also be feminine.

ADVERB (adv)
This is a word which tells you how something is done. Adverbs usually end in '-ly' in English and *-mente* in Spanish (for example 'slowly' = *cuidadosamente, carefully*).

ARTICLE (art)
This refers to the word for 'the' (*el, la, los* or *las*) or the word for 'a' or 'an' (*un* or *una*). The word for 'the' is called the definite article and the word for 'a' the indefinite article.

AUXILIARY VERB (v aux)
This is a 'helping' verb. The auxiliary verb is usually used to help form another verb tense. In Spanish, the most commonly used auxiliary verb is *haber* (*yo he vivido en Madrid dos meses* = 'I've lived two months in Madrid'; *¿has comido?* = 'have you eaten?').

CONJUNCTION (conj)
This is a word which joins two parts of a sentence together, for example 'but' (*pero*), 'and' (*y*), 'because' (*porque*).

GENDER (f, feminine; m, masculine)
The gender of a noun is whether it is masculine or feminine.

IMPERATIVE
This is the command form and is used when you are telling someone to do something (for example 'Listen', *Escucha*; 'Look', *Mira*,).

INFINITIVE
This is the name given to the form of the verb you find in the dictionary. In Spanish, the infinitive of the verb ends in *-ar, -er* or *-ir* (for example *cantar* 'to play'; *comer* 'to eat'; *escribir* 'to write'). In English, the infinitive will have the word 'to' in front of it (for example 'to play', 'to eat', 'to write').

NOUN (n)
A noun is a word that names a person or a thing (for example man, bag, happiness).

NUMBER (pl n, plural noun; sing, singular)
This refers to whether the noun is singular or plural.

PAST PARTICIPLE (pp)
The past participle is used along with *haber* to form the perfect tense in Spanish. It usually ends in *ado*, or *ido* (for example *yo he cantado, tú has bebido, él ha jugado*). In English it often ends in '-ed' (for example 'I have sang, you have drunk, he has played')

PRESENT PARTICIPLE (pres p)
This is the 'ing' form of the verb. For example, *estoy comiendo* ('I'm eating').

PRONOUN (pron)
A pronoun is a word which stands in place of a noun. There are many different kinds of pronouns (see below).

PERSONAL PRONOUNS (pron pers)
'I', 'you', 'he', 'she', 'it', 'we', 'they' (*yo, tú, el/ella, usted, nosotros, vosotros, ellos/ellas*) are also called subject pronouns. 'Me', 'you', 'him', 'her', 'it', 'us', 'them' (*me, te, lo, la, nos, os, los, las*) are also known as direct object pronouns. They stand in front of the verb in Spanish and not after it as they do in English (for example *yo te veo* 'I see **you**'). 'To me', 'to you', 'to him', 'to her', 'to it', 'to us', 'to them' (*me, te, le, nos, os les*) are known as indirect object pronouns. They also stand in front of the verb in Spanish. For more information, read page 104.

POSSESSIVE ADJECTIVES
These pronouns tell you to whom something belongs. They are 'my', 'your', 'his', 'her', 'its', 'our', 'their'. If only one person is the possessor you would use: *mi, mío, mis, míos; tu, su, tuyo, tus, sus, tuyos, suyos; su, sus; nuestro/a, vuestro/a*. If more than one person are the possessors then you would use: *nuestro, nuestra, nuestros, nuestras; su, vuestro, vuestra, sus, vuestros, vuestras; su, sus*. For example, *Éste es mi coche* ('this is my car'); *Éste es nuestro coche* ('this is our car'); *Éstos son mis coches* ('these are my cars'); *Éstos son nuestros coches* ('these are our cars').

PREPOSITIONS (prep)
These are words which tell you where someone or something is situated (for example 'in', 'on', 'under'). *El gato está debajo de la mesa* ('the cat is under the table').

REFLEXIVE PRONOUNS
These pronouns are 'myself', 'yourself', 'himself', 'herself', 'itself', 'ourselves', 'themselves' (*me, te, se, nos, os, se*). They are used with verbs in Spanish (for example *me lavo* 'I wash up'). See page 98.

REGULAR VERBS
These are verbs which follows a set pattern. Some verbs are also called stem-changing verbs as some part of the verb changes (*Jugar* in the infinitive, but *yo juego* = 'I play'). Verbs that do not follow a set pattern are called irregular verbs and must be learned separately. See pages 96–7.

RELATIVE PRONOUNS
The most widely used relative pronoun in Spanish is *que*. It is used to join two parts of a sentence together. *El coche que compraron es un Seat Ibiza* ('the car they bought is a Seat Ibiza'). *Que* joins up *Ellos compraron un coche* and *Ellos compraron un Seat Ibiza*. Also consider: *¿Tienes un boli azul? No, **el que** tengo es rojo* ('Do you have a blue pen? No, the one I've got is red').

TENSE
When we talk about verb tenses we are referring to the time when the action is taking place (present, past, future). If you are looking for the irregular form of a verb in the dictionary, for example, *conduje*, the dictionary might indicate (pt) as in past tense, next to *conduje*, and *ver conducir* (see *conducer*). When you find it what *conducir* means, ('to drive'), you will then know that *conduje* is 'I drove'.

128